AF503949

DISSERTATION

SUR LES DIFFÉRENTES MÉTHODES

D'ACCOMPAGNEMENT

POUR LE CLAVECIN OU POUR L'ORGUE,

AVEC LE PLAN

D'UNE NOUVELLE MÉTHODE

ÉTABLIE SUR UNE MÉCHANIQUE DES DOIGTS,
que fournit la succession fondamentale de l'Harmonie,

*Et à l'aide de laquelle on peut devenir sçavant Compositeur, & habile
Accompagnateur, même sans sçavoir lire la Musique.*

Par M. RAMEAU.

Le Prix est de trois livres.

A PARIS,

Chez le Sieur **BAILLEUX**, Marchand de Musique ordinaire
de la Chambre & Menus-Plaisirs du Roi, rue S. Honoré,
à la Régle d'Or.

A LYON, & A BORDEAUX,

Chez les **MARCHANDS**.

COLOMNE DES Accords Dissonans.		COLOMNE DES Signes ou Chiffres
Accords de	Septième	7.
	Septième majeure	♯7, ou 7.
	Septième mineure	♭7.
	Septième Superfluë	♯7, ou 7, ou $\substack{7\\5\\4\\2}$
	Septième Superfluë avec la Sixte mineure	♯7, ou 7, ou $\substack{\flat6\\4\\2}$
	Septième diminuée	♭7, ou $\substack{\flat6\\4\\\natural}$
Accords de	Sixte majeure avec la Tierce mineure et la Quarte, dite petite Sixte	♯6 ou 6, ou $\substack{6\\4\\3}$
	Sixte majeure avec la Tierce majeure et le Triton	♯6, ou 6, ou $\substack{\sharp4\\3}$
	Sixte mineure avec la Tierce mineure et la Quarte	$\substack{\flat5\\3}$, ou $\substack{6\\4\\3}$
	Sixte majeure avec la fausse Quinte	$\substack{\flat6\\5}$, ou $\substack{6\\\flat5}$
	Sixte Superfluë	♯6, ou 6.
	Sixte et Quinte	$\substack{6\\5}$.
	Quinte Superfluë	♯5, ou ♯$\substack{9\\5}$, ou $\substack{9\\\sharp5}$.
	Fausse Quinte	♭5, ou 5, ou $\substack{6\\5}$.
Accords de	Triton	♯4, ou 4.
	Triton avec la Tierce mineure	$\substack{\flat5\\3}$, ou $\substack{4\\3}$, ou $\substack{\sharp4\\\flat}$, ou $\substack{4\\2}$
	Triton avec la Tierce majeure	♯4, ou $\substack{\sharp4\\3}$
	Quarte, ou Quarte et Quinte	4, ou $\substack{5\\4}$
	Quarte avec la Neuvième	$\substack{9\\4}$, ou $\substack{9\\7\\4}$
Accords de	Seconde	2.
	Seconde majeure	♯2, ou x.
	Seconde mineure	♭2.
	Seconde Superfluë	♯2, ou x.
	Seconde avec la Quinte	$\substack{5\\2}$, ou $\substack{5\\4}$.
	Neuvième	9, ou $\substack{9\\2\\7}$, ou $\substack{9\\5}$.
Accords de	Neuvième majeure	♯9, ou 9.
	Neuvième mineure	♭9.
	Septième et Sixte	$\substack{7\\6}$.
	Septième et Seconde	$\substack{7\\2}$, ou $\substack{7\\4\\2}$.
	Sixte mineure avec la Tierce majeure	$\substack{\flat6\\3}$, ou $\substack{2\\\flat6\\\sharp}$.

SONATA III. DE CORELLI.
Adagio.

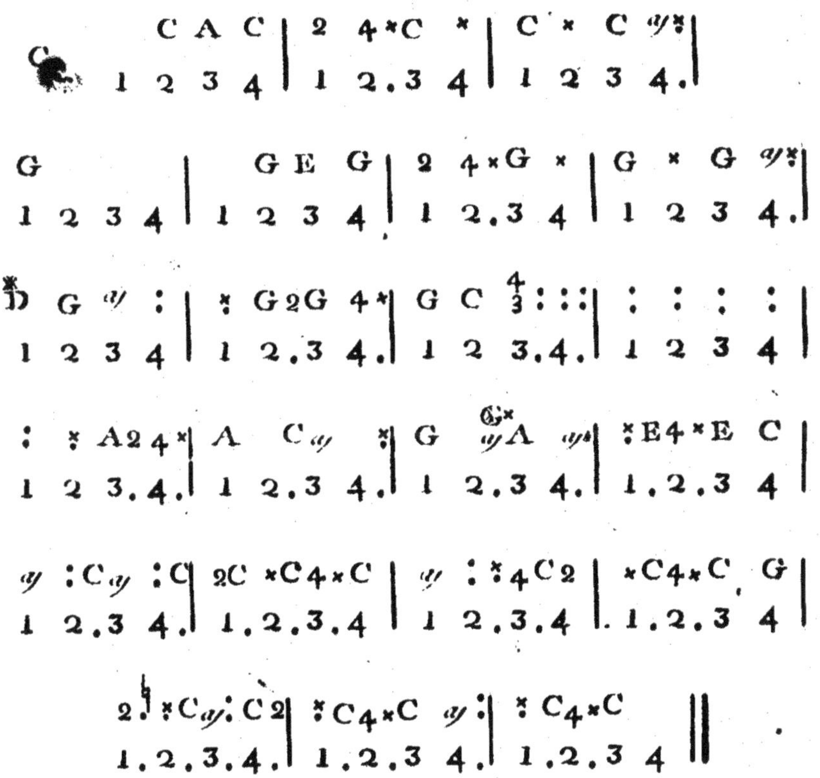

```
        C A C  | 2  4 ×C  ×  | C  ×  C  ℈⁝ |
𝄴       1 2 3 4 | 1 2.3 4 | 1  2  3  4. |

G       |     G E G | 2  4 ×G  × | G  ×  G ℈⁝ |
1 2 3 4 | 1 2 3 4 | 1 2.3 4 | 1  2  3  4. |

♭ G ℈ ⁝ | ⁝ G 2G 4 ×| G C  ⁴₃ ⁝⁝⁝ | ⁝  ⁝  ⁝  ⁝ |
1 2 3 4 | 1 2.3 4. | 1 2 3.4. | 1  2  3  4 |

⁝ ⁝ A2 4 ×| A  C ℈  ⁝| G  ⁶×℈A  ℈ | ⁝E4 ×E  C |
1 2 3.4. | 1 2.3 4. | 1 2.3 4. | 1.2.3  4 |

℈ ⁝C℈ ⁝C| 2C ×C4 ×C | ℈ ⁝⁝4C2 | ×C4 ×C  G |
1 2.3 4. | 1.2.3.4 | 1 2.3.4 | 1.2.3  4 |

        2♮⁝C℈⁝C2| ⁝C4 ×C  ℈⁝| ⁝ C4 ×C    ‖
        1.2.3.4. | 1.2.3 4. | 1.2.3 4    ‖
```

DISSERTATION

SUR LES DIFFÉRENTES MÉTHODES

D'ACCOMPAGNEMENT

POUR LE CLAVECIN OU POUR L'ORGUE,

AVEC LE PLAN

D'UNE NOUVELLE MÉTHODE SUR LE MÊME SUJET.

Quelque degré que le génie des Hommes ait porté la connoiſſance & l'uſage de l'Harmonie, on n'en a point cependant encore aſſez nettement ni aſſez ſolidement développé les principes & les combinaiſons : cette ſcience a ſes myſtères, comme toutes les autres ; on s'égare aiſément dans ſes routes, & ſi quelques-uns y marchent avec ſuccès, ce n'eſt preſqu'encore qu'en aveugles, ou du moins ſans les connoître ſuffiſamment.

Parmi toutes les recherches & les études que j'ai faites pour parvenir à donner des Regles certaines & invariables dans la Muſique ſpéculative & pratique, je n'ai rien trouvé de plus ſimple, de plus clair, ni de plus ſenſible que ce que nous offre l'arrangement méchanique des doigts dans l'accompagnement du Clavecin ou de l'Orgue. Il eſt ſurprenant que dans un Art auſſi pratiqué que celui-ci, on n'ait pas, d'un côté, déterminément reconnu qu'il renferme tout le fond & tout l'enchaînement de

A

l'Harmonie la plus exacte & la plus complette; & que, de l'autre, on ait négligé d'en écarter les difficultés.

Il s'agit donc d'examiner d'abord dans cette Dissertation,
quelles sont les causes qui, dans l'Accompagnement, retardent
l'avancement des Eleves, & embarrassent souvent les Maîtres
mêmes, pour proposer ensuite au Public, dans le Plan d'une
Méthode nouvelle sur ce sujet, les moyens d'en fixer la théorie
& d'en faciliter l'exécution.

Or, je trouve que les inconvéniens qui rendent l'Accompagnement épineux, viennent de deux sources; sçavoir,

1°. La maniere de chiffrer les Basses.

2°. Les Regles & les Méthodes qui nous ont été données jusqu'ici.

Je dis en premier lieu, que les signes dont on se sert pour
chiffrer les Basses, sont non-seulement en trop grand nombre,
mais qu'ils sont encore pleins de confusion, d'équivoques & de
contradictions : il faut le prouver.

Quoiqu'il n'y ait qu'un seul *Accord consonant*, on l'a cependant toujours distingué en trois; sçavoir, en *Accord parfait* ou
naturel, en *Accord de Sixte*, & en *Accord de Sixte-Quarte*, sans
parler d'un Accord de *Sixte doublée*, que quelques-uns en dis-
tinguent encore, quoiqu'il soit toujours le même : & pour indiquer à l'Accompagnateur lequel de ces Accords il doit pratiquer, on s'est toujours servi de cinq signes ou chiffres différens; sçavoir, d'un 8, d'un 5, d'un 3, d'un 6, & d'un $\frac{6}{4}$; outre
qu'il est encore décidé que par-tout où il n'y a point de chiffres,
l'*Accord parfait* est supposé.

Quoiqu'il n'y ait non plus qu'un seul *Accord dissonant*, on l'a
cependant toujours distingué en plusieurs; de sorte qu'à mesure
que l'expérience en a fait sentir les différentes combinaisons &
les différens rapports relativement à différentes Notes d'une Basse
arbitraire, on en a fait autant d'Accords différens; tellement
qu'on le distingue aujourd'hui en vingt-deux; & l'on a plus de
quarante signes différens pour les indiquer, selon les colonnes
relatives ci-jointes.

Sans m'arrêter à critiquer ici la plûpart des dénominations im-
propres qui sont attribuées mal-à-propos aux différens Accords,
& qui effectivement augmentent le nombre auquel l'usage a fixé
ces Accords, il suffit de faire remarquer à présent les ambiguités
& les autres défauts qui se rencontrent dans les signes qui les
indiquent.

Si la *Septiéme*, dite *Majeure*, se chiffre d'un 7 diézé ou barré, la *Superflue* ne se chiffre pas autrement: or, qu'est-ce qui m'avertit dans ce signe que l'une des *Septiémes* doit être accompagnée de la *Tierce* & de la *Quinte*, de même que toute *Septiéme* naturelle dans le *Ton*; & que l'autre doit être accompagnée, au contraire, de la *Seconde*, de la *Quarte* & de la *Quinte*? Je dis *Seconde* & *Quarte*, pour suivre l'usage; car c'est pour-lors *Neuviéme* & *Onziéme*. Il est rare qu'on associe, en ce cas, le 2, le 4 & le 5, au 7, comme on le voit dans la colonne des chiffres: l'équivoque y est donc manifeste.

Par la même raison, si l'on veut changer une *Quinte* naturellement *fausse*, en une *Quinte juste*, celle, par exemple, de *Si* à *Fa* dans le *Ton majeur d'Ut*, par quel signe indique-t'on ce changement? N'est-cepas en associant un *Diéze* au 5? Mais comment distinguer pour-lors cette *Quinte juste* de la *Superflue*, qu'on ne chiffre pas autrement? Ainsi de la *Sixte majeure* & de la *Superflue*, de la *Seconde*, dite *majeure*, & de la *Superflue*; ainsi, en un mot, de tout autre intervalle susceptible de la même différence.

A ces équivoques se joignent les contradictions suivantes.

Si l'on barre généralement le 2, le 4 & le 6, pour y tenir lieu du *Diéze*, on barre au contraire le 5, pour y tenir lieu du *Bémol*; & si la plûpart barrent le 7, pour y tenir lieu du *Bémol*, d'autres au contraire le barrent pour y tenir lieu du *Diéze*; tant nos Compositeurs sont peu d'accord sur leur maniere de chiffrer.

Le 6, seul adopté pour indiquer l'*Accord consonant de Sixte*, est également employé seul en beaucoup d'endroits pour indiquer & l'*Accord consonant de Sixte-Quarte*, & les *Dissonans de Sixte-Quinte*, de *petite Sixte*, même quelquefois de *Seconde*; preuve que la science n'est pas toujours d'accord avec l'oreille de ceux qui se conduisent de la sorte.

Si l'on ne parle en aucun endroit des Accords de *Septiéme* & *Sixte*, de *Septiéme* & *Seconde*, non plus que de *Sixte mineure* avec la *Tierce majeure*; plusieurs Compositeurs nous avertissent cependant par leurs chiffres que ces Accords existent; mais sans nous avertir, en même temps, que les deux premiers ne se font que sur des Notes de goût, qui supposent celles qui les précedent ou qui les suivent, & que dans le dernier la *Tierce majeure* suspend sa marche naturelle, souvent même sans nécessité; ils nous laissent

dans l'erreur, & nous obligent par-là de donner la torture à notre
esprit, pour trouver des constructions d'Accords dont on n'a jamais oüi parler, & auxquelles ne répond aucune des constructions connues.

Mais passons tous ces défauts, & voyons seulement ce qui
résulte du chiffre par lui-même.

Quand vous êtes instruit de tous les Accords que je viens
d'exposer, & quand vous sçavez que tel chiffre indique tel Accord, vous devez toujours sous-entendre avec l'intervalle désigné
par ce chiffre, deux ou trois autres intervalles qui n'y sont presque jamais exprimés; & autant d'Accords, autant de différens
intervalles à y sous-entendre. Ici c'est la *Tierce* & la *Quarte*; là
c'est la *Tierce* & la *Quinte*; là c'est la *Seconde*, la *Quarte* & la
Quinte, ainsi du reste. Ici la *Tierce* doit être *majeure*, là *mineure*;
ici la *Seconde* & la *Quarte*, ou bien l'une des deux seulement,
doit être *superflue*; là elle ne le doit point être; même accident
quelquefois à la *Quinte*, ainsi du reste. Or, concevez, je vous
prie, jusqu'où s'étend ce détail. Si, d'un autre côté, tous les intervalles sont désignés par plusieurs chiffres ensemble, on n'en est
que plus embarrassé: plus les objets sont multipliés, plus il en
coûte pour les rassembler dans son imagination, & plus l'exécution
en est par conséquent retardée. Mais ce n'est encore rien; il faut
pouvoir pratiquer tous ces Accords dans le même moment qu'on
en reçoit l'idée par le chiffre: il y a, pour cela, un ordre à observer dans les doigts, & sur-tout une connoissance bien distincte
à avoir du Clavier; il faut y reconnoître tous les intervalles tant
justes, *majeurs* & *mineurs*, que *superflus* & *diminués*, relativement à chaque touche; & chacune de ces touches doit y être
connue sous deux noms différens; *Ut*, par exemple, sous le nom
de *Si dièze*; *Mi bémol*, sous le nom de *Ré dièze*, &c. Rassemblez
toutes ces opérations dans votre esprit, & tâchez de vous imaginer quand est-ce qu'elles pourront se réunir dans une prompte
exécution. Ne croyez pas, au reste, que ce soit là tout; il vous
manque encore bien des choses, & bien plus essentielles que celles que vous possédez déja. Toute votre science est encore inutile,
si vous ne connoissez le *Ton*, le moment précis où il change, le
nombre des *Dièzes* ou des *Bémols* qu'il contient, pour sçavoir les
employer à propos dans chaque Accord, & quelle doit être la
succession de ces Accords relativement à celui-ci ou à celui-là;
bien entendu que tout cela doit encore passer dans les doigts, de

maniere que l'exécution n'en foit jamais retardée par la réflexion qu'exigent tant de différentes opérations de l'efprit.

On ne peut donc difconvenir que la maniere dont on chiffre aujourd'hui les Baffes, ne foit extrêmement compliquée; ce qui doit faire excufer ceux qui s'y trompent quelquefois, non-feulement lorfqu'ils exécutent l'ouvrage des autres, mais encore lorfqu'ils chiffrent eux-mêmes leurs propres Baffes. Auffi les Maîtres, pour guider, s'il étoit poffible, l'Accompagnateur dans des routes fi obfcurément & fi confufément défignées, s'efforcent-ils, mais toujours en vain, de fuppléer au défaut des chiffres par des Régles & des Méthodes d'Accompagnement qui, comme je vais le prouver en fecond lieu, font plus propres à y répandre les ténébres que la lumiere.

Que trouve-t-on, en effet, dans ces Méthodes, finon un amas prodigieux & confus de Régles pleines d'exceptions, qui même ne fçauroient fuffire, à beaucoup près, à donner une démonftration fenfible & complette de la fucceffion des Accords, dont fe forment l'enchaînement & le progrès fondamental de l'Harmonie? outre que ces Régles ne parlent qu'à l'efprit, & ne fçauroient guider l'Accompagnateur dans fes incertitudes, indépendamment du raifonnement & de l'oreille: avantage que procure parfaitement la nouvelle Méthode que je propofe à la fuite de ce fecond Chef qu'il faut examiner.

Je dis que nous n'avons point encore de Méthodes qui nous éclairent fuffifamment fur la fucceffion des Accords, & qui nous mettent en état de l'exécuter promptement; & fans héfiter, je m'en tiens à la difcuffion des Ouvrages que nous avons de M. Delaire fur ce fujet, attendu que de tous les Auteurs qui ont entrepris de nous donner des Régles d'Accompagnement, il n'y en a point qui femble mériter plus d'égard que celui-ci.

M. Delaire, dans fon Traité d'Accompagnement, gravé en 1700, détermine la fucceffion des Accords fur celle de la Baffe: idée très-bien conçue, & à laquelle il ne manque que ce qui auroit pu la rendre digne d'attention.

Cet Auteur, en déterminant ainfi la fucceffion des Accords fur celle de la Baffe, ne dit point en quel *Ton* eft cette Baffe, ni par conféquent quel rang y occupent les Notes qu'il y donne pour régle: de forte que, outre le détail immenfe où il defcend, outre les exceptions qui y fourmillent, il ne dit rien de pofitif fur quoi l'on puiffe tabler; & avec cela il n'y a pas une régle de

fucceffion, où il n'oublie une bonne partie de ce qui doit y entrer. Par exemple, *quand la Baffe monte d'un femi-ton*, dit-il
page 33, *& que l'on ne fait pas la Sixte fur la feconde Note*, on
fait la Tierce & la Sixte mineures fur la premiere Note, & *l'on
paffe la fauffe Quinte fur la derniere partie de ladite Note; ou l'on
fait le tout enfemble*, *quand la Note qui fait fauffe Quinte a été
fonnée fur la précédente*, ou fi le mouvement eft léger. Lorfqu'on fait
la Sixte fur la feconde Note, il faut faire la Sixte majeure fur la
premiere, pourvû que la feconde Note ne gagne point une cadence;
car pour-lors il faudroit faire la Sixte mineure fur la premiere. On
ne laiffe pas de faire la Sixte fur la premiere Note dudit intervalle,
quoique la feconde Note ne porte pas. Voyez les autres Articles,
vous en trouverez qui fouffrent encore plus d'exceptions, fans
que pour cela elles y foient toutes fpécifiées.

Examinons d'abord le fruit qu'on peut tirer de cet article,
avant que de voir ce qui y manque.

Déja l'Accord de la premiere Note n'eft déterminé qu'au cas
que celui de la deuxiéme foit connu: or rien ne le fait connoître
dans les Régles données; & quels détours ne faut-il pas prendre
d'ailleurs, pour juger de l'Accord de cette premiere Note? Il faut
fçavoir d'abord fi la deuxiéme porte la *Sixte*, ou non; mais quel
eft l'autre Accord, au lieu de la *Sixte?* Il faut prévoir fi la deuxiéme ne gagne point une *cadence*, ou fi elle porte harmonie;
comment cela fe devine-t'il? Il faut enfin remarquer fi la Note
qui doit faire la *fauffe Quinte* a fervi auparavant; il faut avoir
égard à la différence des mouvemens; mais fi je ne connois pas le
Ton ni le rang qu'y occupent les Notes dans la marche prefcrite,
quel fruit tirerai-je de cette Régle?

Dans le *Ton majeur*, par exemple, c'eft le troifiéme & le feptiéme degrés qui montent d'un *demi-ton* ou *femi-ton*; l'un, fous
le nom de *Médiante*, y portant pour-lors la *Sixte mineure*, fans
que la *fauffe Quinte* puiffe jamais y être jointe; & l'autre, fous le
nom de *Note fenfible*, y portant pour-lors la *Sixte mineure* & la
fauffe Quinte, fans être obligé de remarquer fi celle-ci a fervi auparavant ou non.

Dans le *Ton mineur*, c'eft toujours le feptiéme degré qui monte
d'un *demi-ton*, & qui y porte l'accord qui vient de lui être affi-
gné; mais ce n'eft plus le troifiéme, c'eft au contraire le deuxiéme & le cinquiéme qui y montent de même; l'un de ces deux
derniers, fous le nom de *Sufinale* ou *Sutonique*, y portant ou

l'*Accord* de *septiéme*, ou l'*Accord* de *petit Sixte* ; & l'autre, fous le nom de *Dominante*, y portant ou l'*Accord* de *septiéme*, ou celui de *Sixte-Quarte* ; le tout au gré du Compofiteur ; fans qu'il foit difficile d'en juger, quand on fçait une fois en quoi confifte la fucceffion de l'Harmonie, & où tènd fa fin.

D'un autre côté, fi le *Ton* change, le premier, le troifiéme, le quatriéme, le cinquiéme, le fixiéme & le feptiéme degrés peuvent monter chacun d'un *demi-ton*, après avoir porté des Accords différens de ceux qui viennent d'être énoncés ; le premier, par exemple, fous le nom de *Finale* ou *Tonique*, montera d'un *demi-ton* après avoir porté l'*Accord parfait* ; le troifiéme, fous le nom de *Médiante d'un ton mineur*, montera d'un *demi-ton*, après avoir porté la *Sixte majeure* ; le quatriéme, fous le nom de *Sous-dominante*, montera d'un *demi-ton*, après avoir porté ou l'Accord de *Sixte-Quinte*, ou celui de *Neuviéme* ; le cinquiéme, fous le nom de *Dominante*, montera d'un *demi-ton*, après avoir porté ou l'*Accord* de *Septiéme*, ou celui de *Quarte* ; le fixiéme, fous le nom de *Sudominante* d'un *Ton mineur*, montera d'un *demi-ton*, après avoir porté l'*Accord* de *Septiéme* ; & le feptiéme enfin, fous le nom de *Sous-Tonique* d'un *Ton mineur*, montera d'un *demi-ton*, après avoir porté l'*Accord parfait* ; étant à remarquer cependant que pour-lors ce feptiéme degré n'eft plus tel, & qu'il devient *Tonique* par l'accident du *Chromatique* ; accident qui peut même fournir d'autres Accords que ceux que je viens d'appliquer à tous les degrés précédens dans le cas préfent.

Que d'exceptions à ce feul article de M. Delaire ! Mais ne croyons pas que quand le tout y feroit auffi-bien fpécifié qu'il le pourroit être, il en réfultât des inftructions fuffifantes pour bien accompagner : penfer au *Ton*, au rang qu'y occupent les Notes de la Baffe, & à leurs Accords arbitraires, fondés fur ceux qui viennent à leur fuite, & que fouvent on ne connoît pas, voilà trop d'opérations à la fois : que font les doigts pendant ce temps-là ?

Nous avons cependant obligation à cet Auteur de fes recherches ; on n'avoit pas encore été fi avant jufqu'à lui, & l'on n'a pû qu'en profiter : auffi la *Régle de l'Octave*, Régle prefque généralement reçue, Régle qu'il a enfin adoptée, en l'inférant dans fon Traité il y a fept ou huit ans, n'a-t'elle pris racine en France qu'après l'Edition de ce Traité. M. Campion eft le premier qui en ait favorifé le Public ; d'autres ont enfuite enchéri fur lui, & cela jufqu'à mon Traité de l'Harmonie, où j'ai tâché de préparer les

Curieux fur mes nouvelles idées, que je n'ofai pour-lors développer entierement, à caufe de la néceffité où je me voyois réduit
d'abolir les fignes en ufage, pour leur en fubftituer de plus lumineux. Affuré que l'expérience faifoit plus d'impreffion fur les ef-
prits en général, que tous les principes les mieux fondés, j'ai
cru devoir commencer par-là. Plufieurs peuvent rendre compte
aujourd'hui, & par leur raifonnement, & par leur pratique, du
fruit qu'on doit attendre de ma nouvelle Méthode dans l'Accompagnement, dans la Compofition & dans le Prélude; ce qui ne
peut qu'ajouter beaucoup aux vérités qu'on y découvrira.

Quoique M. Delaire ne foit point Auteur de la *Régle de l'Oâave*, il fuffit qu'elle fe trouve dans fes Ouvrages pour qu'on s'apperçoive que j'ai eu deffein de l'embraffer dans la difcuffion à laquelle
je m'en fuis tenu: ainfi paffons à l'examen de cette derniere Régle.

C'eft effectivement dans cette *Régle de l'Oâave* que les Accords font déterminés relativement au rang qu'occupent les Notes de la Baffe dans un *Ton* donné: mais outre que ces Accords
n'y font généralement déterminés que dans un ordre *diatonique*, attendu qu'il y a d'autres ordres fur lefquels cette Régle
garde prefque par-tout le filence, fçavoir, le *Confonant*, le *Chromatique* & l'*Enharmonique*; c'eft que tous les Accords poffibles dans cet ordre *diatonique* n'y font pas fpécifiés; c'eft, en un
mot, que quand rien n'y manqueroit de ce côté-là, le principal
y manque; fçavoir, le moyen de reconnoître le *Ton*, fur-tout le
moment précis où il change, & cela dans une promptitude pro-
portionnée à celle qu'exige l'exécution: car que fert de fçavoir
qu'il faut faire tel Accord fur tel degré du *Ton*, fi ce *Ton* peut
n'être pas toujours connu? D'ailleurs que d'opérations cette Régle n'éxige-t'elle pas, & comment peut-on y fuffire? Quoi! à
chaque Note, à chaque Accord, il faudra s'affurer du *Ton*, du
rang qu'y occupe cette Note, & de l'Accord qu'elle doit porter?
Que feront les doigts pendant ce temps-là, je le répete encore?
N'ont-ils pas, de leur côté, leurs opérations à faire? A peine eft-
on arrivé à un Accord qu'un autre fe préfente; le moment où
l'on y voudroit penfer, eft juftement celui où il faut l'exécuter.
Ne croyez pas que fi l'on y rencontre jufte quelquefois, ou par
le fecours de l'oreille, ou par celui de la partition, ou par la facilité qu'on a de lire dans un inftant une ligne de Mufique, ou
par certaines Régles le plus fouvent équivoques, cela foit un
moyen infaillible de ne s'y tromper jamais: j'en prends à té-

moins

moins les plus habiles : ſçavoir ce qu'il faut faire, & l'éxécuter dans un certain moment donné où l'on n'a pas le temps d'y réflé-chir, ce ſont deux choſes bien différentes.

Si vous attendez, pour bien accompagner, que votre oreille ſoit abſolument formée, que vous ſçachiez lire la Muſique très-rapidement, que vous puiſſiez jetter les yeux ſur pluſieurs par-ties à la fois, pour juger, par la partition, de l'Accord que vous avez à pratiquer, ſans que cela donne la moindre atteinte à la promptitude néceſſaire de l'éxécution, & que vous ſoyez en état de ne point confondre les différentes Régles applicables à tous les différens cas qui ſe préſentent d'un moment à l'autre ; j'ad-mire votre patience. Le temps & l'application peuvent beau-coup, à la vérité : mais êtes-vous bien réſigné à travailler aſſi-duement pendant dix ou douze années, comme ont été obligés de le faire juſqu'ici tous ceux qui réuſſiſſent un peu dans l'Art dont il s'agit ?

Tous ces moyens que je viens d'alléguer ne ſont pas d'ailleurs ſuffiſans pour bien accompagner : ſans une habitude contraĉée par les doigts, habitude néceſſairement fondée ſur la conſtruc-tion & ſur la ſucceſſion obligée de la plus parfaite Harmonie ; toute votre ſcience, tous vos talens ſont ſuperflus. A quoi ſer-vent donc des Régles qui, loin de procurer ces habitudes, en arrêtent à tout moment le cours ? C'eſt aux doigts & à l'oreille qu'il faut parler ici ; & ce dont on y occupe l'eſprit, doit être de telle trempe, qu'il puiſſe inſenſiblement ſe communiquer à ces principaux agens ; de maniere que la conception, le jugement, le ſentiment & l'éxécution ne faſſent plus qu'un tout indépen-dant, en apparence, l'un de l'autre.

Les Maîtres les plus zélés à bien remplir leur devoir, ſentant mieux que qui que ce ſoit le défaut de leurs Régles, enſeignent ordinairement de quelles conſonances ſe *préparent* & ſe *ſauvent,* c'eſt-à-dire, ſont précédées & ſuivies toutes les Diſſonances : prodigieux détail, dont celui de ces Diſſonances fait aſſez ap-percevoir. D'autres enſeignent totalement la Compoſition, ou conſeillent de l'apprendre avant l'Accompagnement ; comme ſi cet Accompagnement n'étoit pas la Compoſition même, aux ta-lens près, qu'il faut joindre à l'un pour faire uſage de l'autre ; encore n'acquiert-on promptement la ſenſibilité de l'oreille à l'Harmonie, principal de tous les talens pour la Compoſition, que par le ſecours de l'Accompagnement ; preuve que cet Art

doit être le premier en date pour qui veut devenir Muſicien.
Souvent celui qui croit voir le mieux , eſt le plus aveugle ,
dès qu'il s'en tient à l'uſage , ſans examiner s'il eſt bien ou mal
fondé.

Remarquons bien, au reſte, que toutes ces Régles qu'on en-
ſeigne, ſoit ſur la marche de la Baſſe , ſoit ſur celle de l'*Octave*
d'un *Ton* donné, ſoit ſur la maniere de *préparer* & de *ſauver* les
Diſſonances , ſoit ſur la Compoſition en général , ne concourent
qu'à faire connoître la ſucceſſion d'un ſeul Accord à un autre :
de ſorte qu'à chaque Accord toujours nouvel objet , toujours
nouveau ſujet de réflexion ; car même détail de tous côtés : or
quelle confuſion pour l'eſprit ! Quand eſt-ce qu'on peut s'aſſurer
d'y voir regner l'ordre ? Quand eſt-ce que cet ordre paſſera dans
les doigts ?

Lorſque l'oreille attend tout de l'éxécution pour ſe former à
l'Harmonie , on tient cette éxécution en arrêt , les doigts n'y
marchent pendant long-temps qu'à tâtons , & n'y font pas un pas
ſans l'ordre du jugement : cependant toutes les fonctions de l'eſprit ſont autant d'obſtacles à celles de nos ſens : fixez les yeux
ſur un objet , & penſez à un autre , vous ne pouvez pour-lors
vous rendre compte de ce qu'ils apperçoivent. Rêvez pendant
qu'on vous parle , vous entendez les mots , ſans en diſtinguer le
ſens : par la même raiſon , penſez au *Ton* , au rang qu'y occupe
une Note de la Baſſe , à l'Accord que cette Note doit porter , à
la conſtruction de cet Accord , à ce qui doit le précéder & le
ſuivre , & à la maniere de l'éxécuter , ne penſez même qu'à l'une
de ces choſes , vos doigts ſont retenus , & votre oreille n'en ſent
plus l'effet de maniere à pouvoir vous en rendre compte : cela ne
ſouffre aucune difficulté ; & ce n'eſt que lorſque la machine marche comme d'elle-même , lorſque nos ſens ne ſont diſtraits par aucune opération de l'eſprit , que nous ſommes en état de nous
rendre compte des impreſſions qu'ils reçoivent ; vérité qui ſe reconnoît principalement lorſqu'il s'agit de joindre la meſure à un
air. Cette meſure vous eſt naturelle , vous pouvez l'éprouver indépendamment de l'air ; mais l'attention que vous êtes obligé de
donner à la Muſique vous en diſtrait : ſur quoi vous attribuez ſouvent à votre oreille un défaut qui ne vient que de ce qui vous
diſtrait de ſes fonctions naturelles.

Nous faiſons pratiquer , direz-vous , tout ce que nous enſei-
gnons , juſqu'à ce que les doigts en ſoient , pour ainſi dire , les

maîtres : mais remarquez-vous bien que si, de tout ce que vous faites pratiquer, la *Régle de l'Octave* est celle où il y a le plus d'ordre, & où l'oreille puisse mieux trouver son compte, cette Régle est cependant trompeuse ; qu'elle accoutume l'oreille à des routes qui ne sont point générales, & qu'elle accoutume même les doigts à n'en pouvoir suivre d'autres, sans le secours de la réflexion ? Tous ceux qui sortent de vos mains me seront témoins qu'ils sont plus en habitude de faire la *petite Sixte* sur le deuxième degré du *Ton*, que pas un autre Accord ; cependant on y peut faire aussi l'Accord de *Septième*, ou celui de *Neuvième & Quarte* ; chacun de ces Accords ayant sa succession particuliere, & le tout devant être également familier aux doigts & à l'oreille ; ainsi des autres degrés du *Ton*, à chacun desquels vous n'appliquez qu'un Accord par prédilection, lorsqu'il peut s'y en trouver un ou deux autres, qui doivent être également familiers. Il n'y a point ici d'excuse recevable, parce que tout ce qui doit être également familier, doit être présenté dans le même tems, & avec la même simplicité, dès que cela se peut, sans y mettre de la différence, qui entraîne avec elle la réflexion, & qui par conséquent est capable de faire manquer le moment précis de l'éxécution.

Quand même votre but seroit de rendre le tout également familier aux doigts & à l'oreille, vous tombez dans un nouvel inconvénient, qui doit nécessairement en retarder l'effet. Vous retranchez de presque tous les Accords dissonans un son, une Note, qui les différencie, & pour l'esprit, & pour les doigts, & pour l'oreille, lorsqu'avec cette Note ce n'est plus qu'un même Accord : enfin d'un seul Accord vous en faites jusqu'à sept ; les voici représentés ci-après.

ACCORDS.

	De Septième.	De Fausse-Quinte.	De Petite-Sixte.	De Triton.
Accords.	Fa. Ré. Si.	Fa. Ré. Sol.	Fa. Si. Sol.	Ré. Si. Sol.
Basses.	Sol.	Si.	Ré.	Fa.

	De Septième superflue.	De Neuvième.	De Quinte superflue.
Accords.	Fa. Ré. Si. Sol.	Fa. Ré. Si. Sol.	Fa. Ré. Si. Sol.
Basses.	Ut	Mi.	Mi Bémol.

Retranchez la Basse des trois derniers Accords, vous trouverez par-tout *Sol Si Ré Fa ;* car il ne tient qu'à vous d'employer
ces quatre mêmes Notes dans chacun des quatre premiers Accords : ce n'est donc par-tout qu'un même Accord , où la Basse
peut toujours être regardée comme un hors-d'œuvre , attendu les
suppositions qu'elle y peut souffrir, comme dans les trois derniers ; suppositions qui ne changent rien dans la construction de
l'Accord pour la main qui l'éxécute , ni dans sa succession , tant
pour ce qui le précéde , que pour ce qui le suit.

Quoique les trois derniers Accords soient en même construction , vous les différenciez cependant par les différens noms que
vous leur donnez , relativement aux différentes Notes de la Basse
auxquelles ils peuvent être appliqués : l'Accord de la *Septième
superflue* paroît tout différent de celui de la *Neuvième* à quicon-
que se guide par vos régles ; il cherche , d'un côté , la *Septième*
& son accompagnement ; de l'autre, il cherche la *Neuvième* &
son accompagnement ; enfin ces sept Accords, qui ne sont qu'un
même Accord , sont cependant tous différens pour lui. D'ailleurs
vous y mettez encore des exceptions ; tantôt vous donnez les
quatre Notes à quelques-uns des quatre premiers Accords, tantôt
vous en retranchez dans les trois derniers.

Qui plus est, de chacun de ces sept Accords , vous en faites du moins trois pour les doigts; tantôt ils s'y arrangent de cette

forte, $\overset{Fa}{R\acute{e}}\underset{Si}{}$; tantôt de cette forte, $\overset{R\acute{e}}{Si}\underset{Fa}{}$; & tantôt de celle-ci, $\overset{Si}{Fa}\underset{R\acute{e}}{}$; car si nous prenions l'Accord complet *Sol Si Ré Fa*, nous y trouverions quatre ordres différens, ce que les Organistes appellent *Faces.*

Vous me reprocherez, sans doute, que je suis dans le même cas: mais quand vous verrez les moyens dont je me sers pour rendre toutes les faces également familieres, moyens qui ne peuvent influer sur un Accord dont on retranche quelques Notes, vous sentirez que ce reproche ne peut tomber sur ma Méthode.

Une preuve que ces différentes faces d'un même Accord, occupent presqu'autant que si c'étoient des Accords différens, c'est qu'il n'y a presque point d'Accompagnateur, quelque routiné qu'il soit, qui n'ait une de ces faces plus familiere que les autres, sous les doigts: d'où l'on en voit qui dérangent à tout moment leurs mains, & qui, par conséquent, n'observent pour-lors aucune succession légitime entre les Consonances & les Dissonances; d'autres sont obligés de faire la Pagode, en quittant la vue de dessus le Livre, pour chercher sur le Clavier la face qui leur y est la plus familiere; d'autres manquent absolument l'Accord; d'autres enfin, plus routinés, y suppléent par quelques fredons, par un Chant hors d'œuvre, par une roulade, ou par quelque chose de semblable; sur quoi on les admire le plus souvent, lorsqu'ils sont le plus à condamner.

Ce n'est pas le tout; à chaque face d'un même Accord, la marche des doigts est différente, soit pour y arriver, soit pour passer à un nouvel Accord; de sorte que, supposé qu'un même Accord puisse être suivi de cinq Accords différens, comme je l'exposerai dans le Plan de ma Méthode, ces cinq successions possibles se multiplient pour-lors jusqu'à soixante & quinze, & par la distinction d'un Accord en cinq seulement, & par les trois faces dont chacun de ces cinq Accords est susceptible; car cinq fois 5 font 25, & trois fois 25 font 75.

Comment voulez-vous, pour-lors, que l'oreille s'accoutume promptement aux différentes successions de l'Harmonie, lorsqu'au lieu de cinq, vous lui en presentez 75 ? Si elle peut en démêler à la fin le cahos, ce ne sera toujours que par un sentiment occulte, qui ne se communiquera point à l'esprit; de sorte que

vous y ferez toujours embarraffé dans l'éxécution, du moins quelquefois : car l'oreille feule ne fuffit pas pour faire marcher les
doigts auffi promptement que l'éxécution de l'Accompagnement
le demande.

Ce que j'avance à l'égard du fentiment occulte de l'oreille n'eft
pas fans preuve : car d'où vient que jufqu'au Traité de l'Harmonie * on ne fçavoit pas qu'un certain nombre d'Accords pouvoit
fe réunir en un feul, ni qu'un certain nombre de fucceffions pouvoit fe réunir en une feule? Comment eft-ce que l'oreille a pu fi
long-tems nous laiffer dans l'erreur? Sans doute que nous y avons
toujours pris les chofes pour ce qu'on les lui a préfentées?

* Voyez fur ce fujet tous les Traités de Mufique. Voyez les Baffes chif-frées.

Quel eft votre but, quand vous retranchez ainfi une Note des
Accords? Quoi! le goût, la crainte de faire deux *Oʄtaves* de fuite?
Vous préférez donc la fleur au fruit? Ne vous abufez pas, cette
fleur eft paffagere, le vent l'emporte, & le fruit avec elle; au lieu
que fa femence eft encore dans ce fruit. Je m'étendrai davantage
fur ce fujet à la fin de la Differtation.

Si plufieurs fe font rebutés de l'Accompagnement fur les premieres difficultés qui s'y préfentent, combien d'autres, parmi
ceux qui accompagnent aujourd'hui, n'en auroient pas fait autant, fi on leur eût laiffé entrevoir ce labyrinthe impraticable,
dont je ne viens de donner encore qu'une foible teinture? car je
n'ai pas tout dit, comme la fuite le confirmera; & j'y ai même
fuppofé dans la bouche des Maîtres bien des principes effentiels,
qui ne font point dans leurs Ecrits.

Qui pourra déformais s'affurer de furmonter toutes ces difficultés, à préfent qu'on les touche au doigt & à l'œil? Ne croyons
pas auffi que nos plus fameux Accompagnateurs tiennent grand
compte de leurs Régles dans l'éxécution. Je veux bien qu'ils
puiffent fe les rappeller à tête repofée; mais dans la rapidité de
cette éxécution, comment voulez-vous que leur efprit puiffe
s'occuper en même tems & du *Ton*, & du nombre des *Diézes* ou
Bémols qu'il exige, & du moment précis où il change, & du rang
qu'y tient une Note de la Baffe, & de l'accord de cette Note,
accord fouvent arbitraire, & de ce qui compofe cet accord, dont
l'idée ne vient d'abord que fous fa dénomination particuliere, &
de fa fucceffion, & de la maniere de l'éxécuter avec la Baffe, &
de la lecture de la Mufique, & de la précifion de la mefure, &
de l'intelligence qu'il faut avoir pour s'unir avec les Concertans?
Examinons-nous bien avant que de décider, & nous verrons

qu'une oreille confommée & fecondée d'une routine enracinée dans les doigts, auffi-bien que de quelques fignes qui nous rappellent ce qui pourroit nous échapper d'ailleurs, eft tout le mobile de notre éxécution.

Oui, l'oreille & les doigts font prefque tout dans l'Accompagnement, auffi-bien que dans nos fantaifies fur l'Orgue ou fur le Clavecin. Il eft vrai que pour former cette oreille, il faut lui préfenter pendant quelque tems les routes par lefquelles elle doit enfuite nous conduire; que pour les lui préfenter, il faut y accoûtumer les doigts; que c'eft par le jugement que ces routes doivent fe communiquer aux doigts; & que par conféquent il faut d'abord orner l'efprit des régles néceffaires en ce cas : mais auffi, plus ces régles feront compliquées, plus vous mettrez de tems à acquérir & l'habitude & la fenfibilité; peut-être même n'acquerrez-vous jamais l'un & l'autre que très-foiblement avec des régles trop compliquées; puifque de tous ceux qui apprennent l'Accompagnement, à peine en voit-on la vingtième partie paroître fur la fcène, & à peine la vingtiéme partie de celle-ci accompagne-t-elle un peu paffablement, à la facilité près d'éxécuter la Baffe avec précifion.

On ne s'informe pas du tems qu'il en a couté à ceux qui paffent pour bien accompagner, lorfque cependant, il leur en a couté, du moins, dix ou douze années d'exercice : on n'éxamine guères, non plus, s'ils pratiquent généralement bien tous les Accords dans une fucceffion légitime : cela paffe la portée du plus grand nombre des Auditeurs.

De la précifion dans la mefure, un peu de hardieffe, en voilà plus qu'il n'en faut pour mériter les fuffrages.

Ce n'eft pas d'un pareil Accompagnement, dont je prétends vous faire part : il y entre de la routine, il eft vrai, & beaucoup même, parce qu'elle y eft néceffaire; mais auffi, de quel fecours n'y eft-elle pas, & pour l'efprit, & pour l'oreille, & pour les doigts? Outre que mon but n'eft pas de vous y procurer fimplement la facilité d'accompagner réguliérement; je compte que vous en tirerez, de plus, & la connoiffance de l'Harmonie, & les moyens de préluder, de toucher des Fantaifies fur l'Orgue, & fur le Clavecin, comme l'ont déja éprouvé quelques Particuliers qui ne s'en cachent point.

Il feroit à fouhaiter qu'en conféquence des régles en ufage, il fût poffible d'accompagner fans chiffres, c'eft-à-dire, que l'on eût un moyen sûr de connoître promptement le *Ton* & ses accessoires, sur-tout dans le moment précis où il change, aussi-bien que les Accords arbitraires, dont ses différens degrés sont susceptibles : mais il faut trop d'opérations pour cela.

Si un nouveau *Diéze*, *Bémol*, ou *Béquare* est la marque certaine d'un changement de *Ton*, il n'arrive pas toujours à point nommé ; souvent il n'est-là que pour le goût du Chant, & son accident n'y change rien ; souvent il n'y est point du tout, quoique le *Ton* change, & c'est pour-lors à la marche de la Basse qu'il faut avoir recours : on cherche une *Cadence finale*, elle se trouve *rompue* ou *interrompue* avant qu'elle arrive effectivement, ou bien encore elle n'arrive point, lorsque cependant le *Ton* change ; il faut parcourir une ligne de Musique pour cela, & quelquefois en vain, pendant qu'il s'y agit du passage d'une Note à une autre, dont la durée n'équivaut quelquefois que le tems qu'on met à prononcer deux syllabes de suite : enfin il est rare qu'on n'y manque pas l'Accord dans le moment le plus précieux ; moment où le *Ton* change, moment où l'Auditeur doit être affecté de ce changement, parce que c'est-là justement où l'expression reçoit le plus de force ; moment enfin où il est de toute nécessité de prévenir le Chanteur sur le nouveau *Ton* qu'il va parcourir, pour que, moins occupé de ce côté-là, il puisse se livrer tout entier au goût du Chant, à l'expression.

Je sçais qu'une grande habitude acquise dans les doigts, & soutenue d'une oreille consommée, peut beaucoup en pareil cas, sur-tout quand on y est encore secondé de toutes les connoissances nécessaires : mais une seule chose doit toujours nous y arrêter ; sçavoir, que dès qu'il plaît au Compositeur de s'écarter des routes ordinaires, il ne nous est pas possible de le deviner toujours à point nommé. D'ailleurs comme l'harmonie est souvent arbitraire dans beaucoup de marches pareilles de la Basse, il faut non-seulement être au fait de cet arbitraire, mais on est forcé, de plus, d'écouter le tour d'harmonie que le Compositeur y aura employé, pour pouvoir s'y conformer ensuite ; & lorsque cette harmonie auroit dû être donnée dans un certain moment précis, on ne peut cependant la donner pour-lors qu'après coup.

Il est vrai qu'on ne s'expose guères à accompagner sans chiffres, sans avoir la partition devant les yeux : mais pour-lors la partition ou le chiffre, c'est la même chose. Voir, d'un côté, une Note qui fait la *Tierce* de la Basse, par exemple, & voir, de l'autre, un chiffre qui la marque, quelle différence y a-t'il ? Il
est

eſt vrai que le *Ton* ſe reconnoît mieux dans la partition que dans le chiffre, ſuppoſé qu'on ſoit inſtruit des Régles qui doivent procurer cette connoiſſance, & qu'on ſoit capable d'vne grande attention : mais ne pourroit-on pas trouver un moyen d'épargner les ſoins que cela demande ? Faut-il attendre, pour cela, qu'on ſoit en état de lire pluſieurs parties à la fois, & d'y parcourir dans le moment pluſieurs meſures ? On peut fort bien accompagner ſans tous ces ſoins ; & pourquoi les exiger, dès qu'ils ne ſont pas abſolument néceſſaires ?

Tous ceux qui veulent ſçavoir l'Accompagnement s'y livrent-ils comme à une étude pénible, ou comme à un amuſement ? Ne ſont-ce pas la plûpart de jeunes enfans diſſipés & diſtraits, ennemis de la réflexion ? Ne ſera-t'on rien en leur faveur ? Hé ! pourquoi ſemer des épines, quand on peut y ſubſtituer des fleurs ?

Si donc les ſignes qu'on employe à chiffrer les Baſſes y cauſent le plus ſouvent de l'embarras, ſi l'on ne peut cependant s'en paſſer ſans tomber dans d'autres embarras encore plus grands, & ſi les Méthodes & les Régles d'Accompagnement qu'on a données juſqu'ici ne peuvent ni clairement ni ſolidement nous guider, voyons ſi la nouvelle Méthode dont je vais expoſer le Plan, ne contiendra pas des Principes qui rendent cet Accompagnement plus ſimple, plus régulier & plus facile.

PLAN DE LA NOUVELLE METHODE.

Pour arriver au Plan dont il s'agit, je commencerai par expoſer en quoi conſiſtent l'Accompagnement du Clavecin & les Principes ſur leſquels il doit être fondé.

L'Accompagnement du Clavecin conſiſte à exécuter ſur cet inſtrument une harmonie complette & réguliere.

On y a pour guide une des parties de la Muſique, qui eſt ordinairement la plus baſſe, d'où on l'appelle *Baſſe.*

On touche cette Baſſe de la main gauche, & l'Harmonie qu'on y joint s'éxécute de la droite.

La Baſſe, ou une autre partie de la Muſique, ou même des ſignes indépendans, en apparence, de cette Muſique, peuvent également ſervir ici de guide : d'où l'on peut y regarder cette Baſſe comme un hors-d'œuvre.

N'a-t'on que le Clavecin pour éxécuter la Baſſe, y domine-t'elle aſſez conſidérablement, & ne la fait-on pas doubler, autant

C

qu'on le peut ; par d'autres inſtrumens ; dont le ſon étouffe
même celui du Clavecin ?

S'il ne s'agit que de l'Harmonie dans l'Accompagnement, &
ſi je fournis un moyen de la rendre toûjours complette & réguliere , ſans le ſecours de la Baſſe ; donc cette Baſſe n'y ſera plus
qu'un hors-d'œuvre : qu'elle ſoit pour-lors éxécutée par le Clavecin , ou par un autre inſtrument , ce ſera la même choſe ; &
excepté le cas où l'on n'a point d'autres inſtrumens , je ne vois
pas qu'il ne ſoit fort libre de ſe paſſer de la Baſſe dans l'Accompagnement du Clavecin.

Tel ſe contentera de vouloir prendre connoiſſance de l'harmonie dans l'Accompagnement du Clavecin, & pourra ſe paſſer de
la Baſſe en ce cas ; tel autre ſeroit bien-aiſe d'être promptement
en état d'accompagner dans un Concert où il ſe trouve ordinairement aſſez d'autres inſtrumens que le Clavecin, pour exécuter la
Baſſe ; & ſi l'on n'avoit qu'une main, faudroit-il pour cela ſe priver de la ſatisfaction d'accompagner, dès qu'on le peut faire d'une
ſeule main ? Enfin c'eſt toujours un ſoin que j'épargne dans le beſoin : je fais gagner par ce moyen plus des trois quarts du temps ;
car ſuppoſé qu'on n'eût jamais mis la main ſur le Clavier, & qu'on
ne connût pas une Note de Muſique, on pourroit cependant ſe
trouver en état d'accompagner en moins de ſix mois, à la ſeule
vue de mes ſignes : cela ne laiſſe pas que d'avoir ſon mérite ; &
certainement je n'en impoſe point; l'épreuve en a déja été faite ; je
ne doute pas même qu'on ne s'apperçoive de la poſſibilité de la
choſe, ſi l'on veut bien me ſuivre avec un peu d'attention.

La Baſſe, je veux dire, celle que dicte le goût du chant, enfin celle qu'on nous préſente toujours pour accompagner, eſt
tellement un hors-d'œuvre dans l'Harmonie, qu'il y a pluſieurs
cas où elle ne peut s'unir dans ſon groupe, & où par conſéquent elle n'eſt admiſe que par goût, & non par néceſſité : voyez
en effet, ſi vous pourrez jamais mêler la Note de la Baſſe dans les
Accords nommés *Neuvième, Neuvième & Quarte, Septième ſuperflue & Quinte ſuperflue* : voyez en même tems ſi l'Harmonie n'a
pas un cours égal ſans cette Baſſe, comme avec cette Baſſe : donc
les Notes de Baſſe , qui portent l'un de ces quatre Accords, ne
ſont que des Notes de goût, des Notes par *ſuppoſition*, des Notes
ſurnuméraires , comme je l'ai dit dans le Traité de l'Harmonie ;
enfin des Notes hors d'œuvre , ſans leſquelles l'Harmonie ſuit
également ſon cours naturel.

Cette Baſſe eſt tellement un hors-d'œuvre dans l'Harmonie, je le répéte encore, que vous voyez par-tout l'Harmonie ſuivre toûjours une même route, pendant que cette Baſſe varie à chaque inſtant les ſiennes. D'où vient, par exemple, qu'un ſeul Accord en fait ſept, ſelon ce qui paroit à la page 12 ? c'eſt que vous y variez la Baſſe. D'où vient que la même ſucceſſion d'harmonie a été multipliée juſqu'ici en pluſieurs ? c'eſt parce qu'on y varie la ſucceſſion de la Baſſe : or cette variété de la Baſſe n'eſt de nulle conſéquence dans le fond de l'Harmonie, puiſque ce fond n'y change jamais. Faites donc là-deſſus ce que vous jugerez à propos. Joignez la Baſſe aux Accords, rien n'eſt mieux ; ne l'y joignez pas, quand vous aurez d'autres inſtrumens pour l'éxécuter, vous le pouvez toûjours : ſuivez en cela votre goût pour le travail ; mais je vous conſeille toûjours de tout entreprendre, dès que vous en aurez le tems & le pouvoir.

On n'a pû juſqu'ici ſe paſſer de la Baſſe dans l'Accompagnement du Clavecin, parce qu'on y a toûjours dénué l'harmonie de quelques-unes de ſes parties : mais il n'en eſt pas de même dans la Méthode que je propoſe : voyons les principes ſur leſquels elle doit être fondée.

L'Harmonie ſe diſtingue, principalement dans l'Accompagnement, ſous le nom d'*Accord.*

Principes eſſentiels de l'Accompagnement.

S'il n'y a que des conſonances & des diſſonances dans l'Harmonie, il ne peut donc y avoir que des Accords conſonans & diſſonans ; mais ne nous imaginons pas qu'il y en ait plus d'un de l'une & l'autre eſpéce. Le premier contient toutes les conſonances, & le dernier toutes les diſſonances de plus.

Comme il y a des ſons différens du grave à l'aigu dans la Muſique, chacun de ces ſons peut porter le même Accord, conſonant ou diſſonant ; & c'eſt ſous cette idée qu'on peut dire qu'il y a pluſieurs Accords conſonans & diſſonans.

Chacun de ces deux Accords eſt fondamentalement diviſé par *Tierces* ; le conſonant ſe compoſe de trois Notes, comme *Ut, Mi, Sol* ; & le diſſonant d'une de plus, comme *Ut, Mi, Sol, Si.*

On peut changer le genre des *Tierces* qui compoſent chacun de ces deux Accords ; mais ce ne ſeront pas moins des *Tierces majeures* ou *mineures* ; le tout ſera également renfermé dans les bornes preſcrites. Ainſi je n'avance rien que de vrai. A l'égard des accidens qui arrivent par ce changement, je puis me diſpenſer d'en faire mention à préſent.

Quelque diſtinction que l'on faſſe de l'Accord conſonant, on y trouvera toûjours trois Notes qui ſeront entr'elles comme, *Ut*, *Mi*, *Sol* ; & quelque diſtinction que l'on faſſe de l'Accord diſſonant, on y trouvera toûjours quatre Notes qui ſeront entr'elles comme *Ut*, *Mi*, *Sol*, *Si* ; à la *ſuppoſition* près, dont j'ai déja déclaré que tout l'artifice étoit dans la Baſſe ; & à la *ſuſpenſion* près, dont j'éclaircirai le myſtère dans la ſuite.

La premiere & la plus baſſe Note de chacun de ces deux Accords pris dans l'ordre où je les expoſe actuellement, en eſt toûjours la Baſſe fondamentale, comme je l'ai déja prouvé ailleurs.

Comme il s'agit ici d'éxécuter l'ouvrage des autres, il faut ſe mettre en état d'y reconnoître les routes qu'ils y ont tenues : ce qui dépend de deux principes : ſçavoir, de la connoiſſance du *Ton*, & de la maniere de ſe conduire dans ce *Ton*.

La Muſique, comme le Diſcours, a ſes phraſes, & chaque phraſe y a ſa texture particuliére.

Ce qu'on appelle *Ton*, eſt, pour ainſi dire, le moule du Diſcours Harmonique en général, auſſi-bien que de chaque phraſe en particulier.

Quand on dit, par exemple, qu'une Piéce de Muſique eſt en tel *Ton*, cela ſignifie que cette Piéce commence & finit par ce même *Ton* ; mais cela ne veut jamais dire que tout le courant de la Piéce ſoit dans ce même *Ton* : on a la liberté d'y changer de *Ton* ; & ce changement fait pour lors ſur nous la même impreſſion que celui des phraſes dans le diſcours : d'où il ſuit que les différens rapports de *Ton* qu'on y peut employer, ſément encore dans cette impreſſion une différence pareille à celle des différens rapports de ſentimens exprimés dans les phraſes ſucceſſives.

Le *Ton* eſt une Note donnée relativement, à laquelle tous les degrés contenus dans l'étendue de ſon *Octave* doivent avoir une certaine proportion ; telle eſt la proportion obſervée entre les Notes de la Gamme *Ut*, *Re*, *Mi*, *Fa*, *Sol*, *La*, *Si*, *Ut*, relativement à *Ut*, qui y eſt la Note donnée, que j'appelle pour cette raiſon, *Tonique*.

Tant que dans les Accords ſucceſſifs, on n'altére d'aucun *Dièze* ni *Bémol*, les Notes contenues dans l'étendue de l'*Octave* de la Note donnée pour *Tonique*, le même *Ton* ſubſiſte : donc c'eſt par un nouveau *Dièze* ou *Bémol*, que le changement de *Ton* s'apperçoit.

Outre ces ſignes capables de faire diſcerner que le *Ton* change, les Accords affectés à certains degrés de ce *Ton*, peuvent contribuer encore à la même chose : par exemple, l'Accord confonant, connu fous le nom de *Parfait*, convient à la feule *Tonique :* ce qui me fuffit pour ma Méthode ; & ce qui, par conféquent, me difpenfe d'en dire davantage fur ce fujet.

Connoître le *Ton*, c'eft fçavoir où l'on eft, d'où l'on vient, & où l'on va. Or, comment accompagner fans ce fecours? Cependant c'eft ce qu'il y a de plus difficile pour l'Accompagnateur ; prefque tous y échouent : c'eft pourquoi j'ai jugé à propos de déclarer ce *Ton* par un figne qui épargne le foin de s'occuper à le chercher ; recherche d'autant plus nuifible dans l'éxécution, que pour-lors les fonctions des doigts & des talens font entierement fufpendues.

A l'égard de la maniere dont on doit fe conduire dans le *Ton*, cela regarde la fucceffion des Accords.

S'il n'y a que des Accords Confonans & Diffonans, dans le fens où j'ai expliqué qu'on pouvoit imaginer qu'il y en a plufieurs de l'une & l'autre efpece ; toute la fucceffion des Accords ne confifte donc que dans celle des Confonans entr'eux, des Diffonans entr'eux, & de leur entrelacement : rien n'eft plus clair, rien n'eft plus pofitif, cela fe démontre de foi-même.

Si nous ne connoiffons plus d'autres Accords Confonans que le *Parfait*, & fi cet Accord ne convient qu'à la feule *Tonique*, donc la fucceffion des Accords Confonans entr'eux fournira autant de *Toniques* fucceffives que d'Accords ; & par conféquent, autant de *Tons* différens, qui feront diftinctement déclarés par leurs fignes : l'habitude de cette fucceffion une fois contractée dans les doigts, la leur rendra fi familiere, que voir le figne, concevoir & éxécuter ce qu'il indique, ce ne fera plus qu'une feule opération ; ainfi des deux autres fucceffions.

La fucceffion des Accords Diffonans entr'eux fe fait généralement dans un même *Ton* ; la diffonance y lie, pour ainfi dire, le fens harmonique ; un Accord y fait fouhaiter l'autre ; le fens, par ce moyen, n'eft pas fini ; & c'eft cette fucceffion qui fournit toujours les phrafes les plus longues en harmonie.

Si le *Ton* peut changer dans une pareille fucceffion, ce n'eft plus que par un nouveau *Dièze* ou *Bémol*, qui vient à y altérer l'une des Notes d'un Accord, fans que l'ordre de cette fucceffion y change pour cela, ni fans qu'il foit plus difficile de trouver fous les doigts le nouveau *Dièze* ou *Bémol*, que la Note même à laquelle il eft fubftitué.

Cette deuxième fuccession est d'une fimplicité fans égale ; tout y est purement méchanique, & les doigts s'en rendent maîtres en peu de jours.

Pour ce qui est de la troifième fuccession, fçavoir, l'entrelacement des Accords Confonans avec les Diffonans, le principe en réfide dans les deux *Cadences fondamentales* de l'Harmonie, foit par *Quinte* en defcendant, foit par *Quinte* en montant ; c'est le fond de ce qu'il y a de meilleur dans la Régle de l'*Octave* : voyez toujours en attendant, fuppofé que vous foyez au fait, s'il y a moyen de faire précéder un *Accord Confonant*, d'aucun autre *Diffonant* que de celui de la * *Septième* de la *Dominante*, & de celui de la *Sixte-Quinte* de la *Soudominante*, excepté dans la *Cadence rompue*, & dans les *Suspenfions*, où je prouverai cependant, qu'il n'y a pas d'exceptions, quant au fond : pour ce qui est de l'*Accord Diffonant* qui peut fuivre le *Confonant*, il est arbitraire ; mais il ne l'est plus, dès qu'il doit être fuivi, à fon tour, du même *Confonant*.

Je me fers toujours des termes ufités pour les *Accords*, puifque ma Méthode n'est pas encore déclarée.

Il regne encore dans cette dernicre fuccession un ordre & une marche, dont le méchanifme passe aussi promptement dans les doigts, que celui de la fuccession précédente.

On peut déja voir dans ces trois fuccessions fondamentales, au moins trois différentes textures de phrafes harmoniques ; je dis, au moins, parce que leurs différens entrelacemens en peuvent fournir encore autant qu'il y a de différentes manieres de combiner ces entrelacemens.

Qui plus est, ce qui caufe encore la variété des phrafes, c'est le choix arbitraire qu'on peut faire de l'Accord *Diffonant*, qui doit fuivre le *Confonant* ; celui-là, quoique toujours le même dans le fond, pouvant fe rapporter à différentes Notes fondamentales ; ce qui n'a jamais été déterminé, & ce que je ne déterminerai qu'après avoir développé ce qui regarde les fuccessions précédentes.

Puifqu'il faut néceffairement connoître le *Ton*, puifqu'on ne peut le difcerner principalement que par fa *Note Tonique*, & puifqu'il faut en même tems connoître & pratiquer l'Accord de cette

---

* On ne peut faire précéder l'Accord parfait de la *Tonique*, que de celui de la *Septième* de la *Dominante Tonique*, & de celui de la *Sixte-Quinte* de la *Soudominante*, excepté dans la *Cadence rompue*, & dans les *Suspenfions*.

Tonique ; il s'agit de trouver un figne qui indique le tout fi pré-
cifément qu'on n'y foit plus occupé que de ce qui regarde l'exécution.

Ce figne fera l'une des Lettres Alphabétiques qui répondent
aux Notes de la Gamme fuivante.

GAMME.

> G Ré Sol.
> F Ut Fa.
> E Si Mi.
> D La Ré.
> C Sol Ut.
> B Fa Si.
> A Mi La.

Ces Lettres *A*, *B*, *C*, *D*, *E*, *F*, *G*, confervent
un ordre trop fimple entr'elles, pour qu'en fça-
chant une fois que *A* fignifie *A mi la*, ou *la*, on
ne foit au fait de tout le refte : d'ailleurs, nous
avons tous été inftruits de cette Gamme ; on ne
connoît les touches du Clavecin en Allemagne &
en Angleterre, que par ces feules Lettres, *A*, *B*,
C, &c. en Efpagne & en Italie on dit, *C*, *Sol*, *Ut* ;
Ut y eft même appellé *Do*, en particulier, & la
fuite de la Gamme s'y exprime de cette façon, *Do*,
Ré, *Mi*, *Fa*, *Sol*, *Ré*, *Mi*, *Fa* ; au lieu que par-tout, les Lettres *A*, *B*, *C*, &c. fourniffent la même idée, & préfentent le
même objet. Donc, pour rendre la Méthode générale, je penfe
qu'on ne peut mieux faire que d'employer l'une de ces Lettres
pour figne, & du *Ton*, & de la *Tonique*, & de fon Accord : *C*
indique, par exemple, qu'on eft dans le *Ton* d'*Ut*, que *Ut* en eft
la *Tonique*, & qu'il en faut faire l'*Accord parfait* ; cette Lettre
n'occupant, d'ailleurs, pas plus de place qu'un chiffre.

Pour qu'on ne puiffe jamais s'écarter de l'idée du *Ton*, j'appellerai dans la fuite *Accord de la Tonique*, tout Accord confonant : ce qui eft très-jufte d'ailleurs, par la raifon que cet Accord
ne convient qu'à la feule *Tonique*, comme je l'ai déja dit.

Dans cet *Accord de la Tonique*, & dans fon figne, feront con-
fondus & l'*Accord parfait*, & l'*Accord de Sixte*, & celui de *Sixte-
Quarte* ; nous ne nous y embarrafferons plus de ces diftinctions fri-
voles ; quelque Note qu'il y ait dans la Baffe, la Lettre qui fera
au-deffus ou au-deffous, indiquera toujours l'*Accord de la Tonique*
dont elle fera le figne ; qui plus eft, fi, par diftraction, cette Note
de la Baffe vous échappoit, touchez la *Tonique* indiquée par fon
figne, l'Harmonie fera toujours bonne ; & c'eft-là le principal.

En touchant l'*Accord de la Tonique*, vous connoîtrez combien il
entre de *Dièzes* ou de *Bémols* dans le courant du *Ton*, c'eft à dire,
ceux que vous devrez employer dans tous les Accords contenus
depuis un figne du *Ton* jufqu'à l'autre ; fuppofé que vous fçachiez
ce qui fuit.

Il y a deux *Gammes* particulieres, celle des *Diézes*, qui va par *Quintes* en montant, & qui commence par *Fa* ; & celle des *Bémols*, qui va par *Quintes* en defcendant, ou par *Quartes* en montant, & qui commence par *Si* : or fi vous fçavez ces deux *Gammes*, fi vous concevez l'ordre que les *Diézes* & les *Bémols* y obfervent, qu'il ne peut s'en trouver un, que tous ceux d'auparavant n'y foient fous-entendus, depuis celui par où commence la *Gamme*, du moins dans le cas préfent ; vous n'avez qu'à toucher pour-lors l'*Accord* d'une *Tonique*, comme, par exemple, *Mi*, *Sol*, *Diéze* & *Si*, & vous jugerez par *Sol Diéze*, qu'il doit fe trouver dans tout le courant du *Ton* les *Diézes* de *Fa*, de *Ut* & de *Sol* : fi, avec cela, je vous avertis qu'il doit s'y en trouver un de plus, donc celui-là de plus fera juftement celui qui fuit immédiatement *Sol* dans la *Gamme* ; donc il y aura dans le *Ton* donné, les *Diézes* de *Fa*, de *Ut*, de *Sol*, & de *Ré* ; aiafi du refte ; ainfi des *Bémols*, en y faifant les mêmes obfervations.

Quand *Fa* eft privé du *Diéze*, il eft cenfé *Bémol* ; & quand *Si* eft privé du *Bémol*, il eft cenfé *Diéze*. Or par la Régle qui vous dit qu'il en faut un de plus, *Fa*, dans l'*Accord* d'une *Tonique*, exigera *Si Bémol* dans le courant du *Ton* ; & *Si*, dans l'*Accord* d'une *Tonique*, exigera de fon côté *Fa Diéze* dans le courant du *Ton*.

Si l'on fe repréfente toujours le nombre des *Diézes*, ou des *Bémols*, qui entrent dans le *Ton* dont on fera l'Accord, on n'aura pas acquis la pratique des Régles néceffaires, qu'on fera en état de fe rappeller ce nombre, en même tems que le figne du *Ton* paroitra.

Ce moyen de reconnoître le nombre des *Diézes* ou des *Bémols* qui entre dans un *Ton*, tout facile qu'il eft, peut encore être éclairci davantage par d'autres moyens qui ne peuvent guères être fenfibles que de vive voix, parce qu'il faut fçavoir s'y accommoder pour-lors à l'intelligence de ceux à qui on a affaire.

Que d'erreurs on trouve dans la Mufique, fur ce nombre des *Diézes* ou des *Bémols* mal obfervé à côté de la Clef, où l'on en doit prendre l'intelligence ! Que d'Accords fufceptibles de ces fignes oubliés, où même la faute n'eft réparée par aucun figne particulier ! Dans combien d'erreurs les Commençans ne tombent-ils pas, en conféquence de celles-là ? Et combien ne leur faut-il pas de tems pour y furvenir.... car la plûpart n'ont que l'oreille, ou la facilité de lire la Partition pour s'en garantir.

Voyons

Voyons à préfent comment fe trouve l'*Accord de la Tonique* fur le Clavier.

J'exclus d'abord le *pouce* de tous les Accords ; j'en dirai la raifon à la fin de la Differtation.

Je me fers ici des chiffres 2, 3, 4 & 5, pour indiquer les doigts dont il faut fe fervir, en appliquant le 5 au petit doigt, & les autres chiffres à proportion.

Nous fçavons déja que l'*Accord de la Tonique* fe compofe de trois Notes à la *Tierce* l'une de l'autre, dont la plus baffe, que j'ai dit être la fondamentale, eft en même tems la *Tonique*, l'autre fa *Tierce* & l'autre fa *Quinte*. Cet Accord a trois faces fur le Clavier, & c'eft le feul dont je n'ai pu rendre toutes les faces comme prefque égales : cependant le moyen dont je me fers pour le faire trouver fous les doigts, & le foin que je prends à le faire rencontrer dans toutes les régles de fucceffion, rendront bientôt fes différentes faces également familieres.

Le premier principe qu'il faille d'abord fe repréfenter, c'eft que tout eft *Tierce* dans les Accords, après quoi l'on paffe aux exceptions fuivantes.

Quand vous avez un doigt au-deffous de celui qui touche la *Tonique*, placez-le à la *Quarte* au-deffous, & laiffez-en tomber un autre à la *Tierce* de fon voifin, de quelque côté qu'il fe trouve ; finon arrangez trois doigts par *Tierces*, quand la *Tonique* eft fous le plus bas de tous, c'eft-à-dire fous le 2.

Le haut & le bas, le deffus & le deffous, fe prennent ici conformément à l'ordre des touches du Clavecin, où le haut eft du côté droit, & le bas du côté gauche.

Le 4 doit toujours fe trouver au milieu, excepté quand le 5 touche la *Tonique*.

Dans cet ordre connu, on ne peut méconnoître de quel doigt on touche la *Tonique* ; car elle eft toujours fous le doigt qui n'a point de *Tierce* immédiatement au-deffous de lui.

Cette connoiffance qui peut s'acquérir au moment même qu'on nous la développe, eft d'une néceffité abfolue pour trouver tous les Accords poffibles à la fuite les uns des autres, fans être obligé de porter la vue fur le Clavier.

La *Tonique* ne peut être connue fans que fa *Tierce* & fa *Quinte* ne le foient : la *Tierce* eft fous le doigt voifin, au-deffus de celui qui touche la *Tonique*, finon elle eft fous le plus bas des doigts quand le 5 touche la *Tonique* ; & la *Quinte* eft la plus haute Note

D

des *Tierces*, sinon elle est sous le doigt qui se trouve à la *Quarte* au-dessous de celui qui touche la *Tonique*.

Toutes ces petites remarques se familiarisent tellement à force de les faire, que bientôt il semble qu'elles ayent passé dans les doigts ; ils n'y sont bientôt plus conduits que comme par instinct, & l'on est tout étonné de les sentir s'arranger & marcher pour-lors comme ils le doivent, sans qu'il semble que la réflexion s'en mêle : le signe apperçu, les doigts s'arrangent & marchent ; c'est à quoi se réduit l'opération, quand on a sçu se conduire par les voies qui en facilitent l'accomplissement.

Première Régle fondamentale. Succession des Accords Consonans. Le passage d'un Accord Consonant à un autre, a pour fondement une marche par *Quintes* ou par *Tierces* ; ce qu'indiquent très-précisément les Lettres qui se trouvent pour-lors à la suite les unes des autres : dans *C*, *G*, *D*, par exemple, vous voyez une marche par *Quintes* en montant : dans *G*, *C*, *F*, vous en voyez une par *Quintes* en descendant : dans *C*, *E*, *G*, vous en voyez une autre par *Tierces* en montant ; & dans *C*, *A*, *F*, vous en voyez une pareille en descendant : ce que les Notes de la Basse ne vous présenteront jamais que par accident, attendu que la *Tierce* & la *Quinte* de la *Tonique* peuvent également porter l'Accord de cette *Tonique*.

La *Tonique* & sa *Quinte* sont les principaux objets de cette marche, pourvu qu'on se représente bien que les doigts y passent toujours d'une Note ou d'une Touche à sa voisine ; Régle qui est générale dans toutes les successions d'Accords.

Si les signes vont par *Quintes* en montant, conservez la *Quinte* de l'Accord qui est sous les doigts, & faites descendre les deux autres ; s'il vont, au contraire, par *Quintes* en descendant, conservez la *Tonique* de l'Accord qui est sous les doigts, & faites monter les deux autres.

D'un côté, la *Quinte* conservée devient *Tonique* ; & de l'autre, la *Tonique* conservée devient *Quinte*.

Si les signes vont par *Tierces* en montant, faites descendre la seule *Tonique* ; & s'ils vont, au contraire, par *Tierces* en descendant, faites monter la seule *Quinte*.

D'un côté la *Tonique* passe à la *Quinte*, & de l'autre la *Quinte* passe à la *Tonique*.

Remarquez bien qu'il y a toûjours ici mouvement contraire entre la succession des Accords, & celle de la Basse fondamentale indiquée par les signes ; & concluez de là que mal à propos on a prétendu pouvoir appliquer cette Régle à la marche d'une Basse arbitraire ; puifque fi deux Notes, par exemple, y defcendent de *Quarte*, au lieu d'y monter de *Quinte*, ce qui eft la même chofe , quant au fond, le mouvement des Accords ne fera plus contraire à celui de cette Baffe : ainfi de mille autres cas où cette même Baffe peut varier fes routes , pendant que celles des fignes & des Accords en conféquence ne varieront jamais.

Cette feule obfervation doit nous convaincre du peu de fondement qu'il y a dans les Régles qu'on nous a données jufqu'ici de l'Accompagnement ; puifque l'une des principales y roule fur le mouvement contraire entre les Accords & la Baffe, lorfque cela ne peut être appliqué qu'au fond de l'Harmonie , dont la marche eft à tout moment contrariée par celle d'une Baffe arbitraire.

Au refte, il ne faut s'attacher ici qu'aux marches par *Tierces* ; celles de *Quintes* étant toujours fufceptibles d'une diffonance qui en facilite extrêmement la pratique, en conféquence des Régles fuivantes.

Or, qu'y a-t-il de plus facile à obferver que la Régle prefcrite dans une marche par *Tierces*, dont les fignes *A*, *C*, ou *C*, *A*, préfentent fi clairement l'idée ? encore peut-on paffer légerement fur cette derniere fucceffion, parce qu'elle fe trouve répétée dans la troifième Régle fondamentale.

Si le hazard fait naître des *Toniques* fucceffives en degrés conjoints, comme *A*, *B*, *C*, ou *C*, *B*, *A* ; faites monter ou defcendre d'une Touche chaque doigt de chaque Accord , felon que les Lettres marchent en montant ou en defcendant : ce mouvement des Accords n'eft plus contraire à celui des *Toniques* ; mais il l'eft ordinairement à celui de la Baffe arbitraire, où l'on n'a garde d'employer ainfi les *Toniques* à la fuite les unes des autres. Si cependant cela fe rencontroit, foit dans des *Toniques* mêmes, foit dans leurs *Tierces*, vous n'en fuivriez pas moins l'ordre dicté par les Lettres ou fignes ; le mouvement contraire feroit fort mal imaginé en ce cas : ce qui peut fe pratiquer à tête repofée dans des tournures d'Harmonie qu'on fe rend familieres à force de les rebattre , & dans de certaines faces des Accords, n'eft pas toujours du reffort de l'Impromptu. Ce n'eft pas ici où le difficile poffible doit être éxigé ; le plus fimple, quand il eft bon, eft tout ce qu'on y doit fouhaiter.

On me permettra ces Remarques, parce que je dois juftifier ce que je propofe.

Sçachant que tous les Accords font fondamentalement par *Tier-* Seconde Régle fondamentale.

ces, & que les Dissonans contiennent généralement quatre Notes différentes ; placez quatre doigts, sans le *pouce*, sur le Clavier, chacun à une *Tierce* l'un de l'autre ; ou bien, placez-en deux, n'importe lesquels, sur deux touches contiguës, & les autres chacun à la Tierce de son voisin, vous aurez tous les Accords dissonans possibles : n'y cherchez point à présent d'exceptions, j'aurai soin de vous en avertir, & d'y apporter le reméde nécessaire.

Comme il doit être censé que les doigts se placent généralement à la *Tierce* les uns des autres, j'appellerai *les deux doigts joints*, ceux qui devront se trouver sur deux Touches contiguës.

Ce moyen de pratiquer l'Accord dissonant dans toutes ses faces est si simple, qu'on peut dire que de cette sorte il n'a qu'une face ; car tous les doigts par *Tierces*, ou deux joints, & les autres par *Tierces*, cela n'y apporte guères de différence ; mais sa succession & la maniere de le trouver après l'*Accord d'une Tonique*, feront encore mieux sentir ce qui en est.

Les doigts descendent toujours après un Accord dissonant, excepté celui qui y touche une Note particuliere qui peut s'y trouver quelquefois ; mais loin que cette exception porte coup à la Régle générale, elle engage, au contraire, à la suivre, & fait connoître de plus où l'on en est, comme nous le verrons bientôt.

Vos doigts étant arrangés par *Tierces* sur le Clavier, dès que vous voudrez en faire passer un sur la Touche voisine de celle qu'il occupera, vous sentirez, supposé que vous ayez la main souple, comme cela se doit, sans qu'il soit nécessaire de le recommander ici ; vous sentirez, dis-je, que l'un des extrêmes s'approchera naturellement de son voisin, & cela pour mettre la main plus à son aise. Or, étant averti qu'il faut faire descendre un doigt en pareil cas, le 5, par conséquent, ira joindre naturellement son voisin. Si je vous donne, de plus, pour Régle générale, en ce cas, que des deux doigts joints, le plus bas doit descendre, vous voilà au fait de la marche de ces doigts, & dans quelle circonstance, s'il vous plaît ? Justement dans celle qui a causé jusqu'ici le plus d'embarras, & dont on n'a jamais pû surmonter les difficultés, quelque Régle qu'on ait employée pour cela ? En un mot, vous voilà à présent au fait de *préparer* & de *sauver* toutes les Dissonances possibles dans la plus grande rigueur. Peut-on avoir laissé échapper un principe si simple ? Qui s'imaginera jamais que c'est pour la premiere fois qu'on le met au jour, & qu'en sa place on avoit substitué des Régles d'un détail immenfe, où cependant tout ce qu'elles doivent embraffer n'eft pas compris, à beaucoup près ?

Ce que j'applique aux doigts, aux Touches du Clavier, peut également s'appliquer aux Notes, indépendamment de ces doigts & de ces Touches : ainfi je parle par-tout au Compofiteur, auffi-bien qu'à l'Accompagnateur. Les routines par lefquelles je conduis dans cette Méthode, font tirées de principes lumineux : on peut y remonter quand on le juge à propos, ou quand on en eft capable ; revenons à notre marche des doigts.

Le doigt qu'il faut faire defcendre par tout le premier, eft juftement celui qui defcendroit naturellement feul de lui-même ; c'eft le cinq, s'ils font tous par *Tierces*, finon le plus bas des deux joints, felon l'avertiffement qui a précédé.

Voulez vous faire defcendre deux doigts à la fois ? Ce fera pour-lors le premier donné, & fon voifin au-deffous, & s'il n'a point de voifin au-deffous, ce fera avec lui le plus haut de tous, c'eft-à-dire le cinq ; car c'eft par-tout une loi générale, & il faut bien s'en fouvenir, que le doigt fpécifié au-deffous d'un autre qui eft déterminé, eft le plus haut de tous, quand il n'y en a point au-deffous ; de même que le doigt fpécifié au-deffus, eft le plus bas de tous, quand il n'y en a point au-deffus : cela forme une efpece de cercle, où le bas eft lié avec le haut ; de forte que ce qui ne fe trouve pas d'un côté, fe trouve de l'autre.

Voulez-vous faire defcendre trois doigts à la fois ? confervez le fondamental fur fa Touche, & faites defcendre les trois autres.

Si la *Tonique* eft fondamentale, & fi on la reconnoit fous les doigts en ce qu'elle n'a point de *Tierce* immédiatement au-deffous d'elle ; il en eft de même ici du plus bas des doigts par *Tierces*, qui n'a point de *Tierce* au-deffous de lui, & du plus haut des deux joints, qui n'a pas, non plus, de *Tierce*, immédiatement au-deffous de lui : ainfi le plus bas des doigts par *Tierces*, ou le plus haut des deux joints, eft toujours fondamental dans le cas préfent.

La Régle générale de la fucceffion des Accords diffonans fe tire de la *Cadence* appellée *Parfaite*, où deux doigts defcendent ; d'autant que cette fucceffion eft la plus générale, & que les autres, qui ne font qu'accidentelles, font bientôt familieres, quand celle-ci l'eft.

On exerce pour-lors cette fucceffion dans huit ou dix *Tons Majeurs* feulement ; d'où naît un pareil nombre de *Mineurs*, dont il n'eft pas encore néceffaire d'avertir les Commençans.

On avertit seulement ici , que chaque *Ton* a sa *Note sensible*,
que cette *Note* est toujours le *Demi-Ton* au-dessous de la *Tonique*, & qu'elle est par-tout le dernier *Diéze* du *Ton :* d'où , si l'on
veut pratiquer par exemple le *Ton* d'*A*, on dit, sa *Note sensible* est
G Diéze, ou *Sol Diéze* ; donc il y a dans ce *Ton* les *Diézes* de *F*,
de *C* & de *G*, c'est-à-dire de *Fa*, d'*Ut* & de *Sol* ; ainsi des autres.

A l'égard des *Tons* dont la *Tonique* peut être *Bémol*, cela est
différent ; il faut s'y représenter pour-lors un *Bémol* de plus que
celui de cette *Tonique*, selon la Régle donnée à la page 23.

Ces dernieres Régles ne conviennent qu'aux *Tons Majeurs* dont
il est seulement question ici ; quoiqu'il y ait un moyen de les appliquer aussi aux *Mineurs :* mais nous en avons déja une générale
pour tous les *Tons*, & cela doit nous suffire.

Quand on veut donc pratiquer une succession d'Accords dissonans, on s'assure d'abord du *Ton*, & du nombre des *Diézes* ou
Bémols qu'il contient, pour les employer par-tout dans les Accords , au lieu des Touches naturelles en même dénomination ;
on arrange ensuite quatre doigts tout au haut du Clavier , soit
par *Tierces*, soit en joignant deux doigts , puis on les fait descendre alternativement de deux en deux, selon l'ordre qui suit.

Les doigts sont-ils tous par *Tierces*, les deux plus hauts descendent, & pour-lors les deux moyens se trouvent joints ; les deux
plus bas descendent ensuite , de sorte que dans cette marche, tantôt ils sont par *Tierces*, tantôt les deux moyens sont joints.

L'un des extrêmes est-il joint, l'autre des extrêmes doit l'être
à son tour ; & pour-lors, ou les deux extrêmes, ou les deux
moyens descendent ensemble.

On continue cette succession jusqu'au milieu du Clavier, pour
la terminer par l'*Accord de la Tonique*, nécessairement précédé
de son *Accord sensible*.

Qui connoît la *Note sensible*, connoît bientôt l'*Accord sensible* ;
puisque dès que cette *Note sensible* se trouve immédiatement au-
dessus des deux doigts joints , ou dès qu'elle est touchée du 3 ,
quand tous les doigts sont par *Tierces*, on peut s'assûrer que c'est-
là l'*Accord sensible :* ce qu'on est obligé de bien remarquer pendant quelque tems , en s'y souvenant de la Régle, qui dit que ce
qui ne se trouve pas d'un côté se trouve de l'autre, page 26.

C'est cette *Note sensible* qui, dans l'*Accord sensible*, dérange quelquefois en son particulier l'ordre de la succession prescrite ; mais
outre qu'elle ne le dérange que lorsqu'on l'a fait suivre de l'*Ac-*

cord *de la Tonique* , c'est que cela n'arrive sensiblement que lorsqu'elle est touchée du 5 dans l'*Accord sensible* ; & pour ne s'y pas tromper, il faut être prévenu qu'elle doit toujours monter sur la *Tonique* , dès qu'il s'agit de finir ce qui peut aisément se pratiquer quand on a la main sur le Clavier.

La *Tonique* & la *Note sensible* se prêtent mutuellement du secours ; l'une rappelle l'idée de l'autre , pour peu qu'on y fasse attention.

La Méthode fournit des moyens pour faciliter encore davantage l'intelligence & la pratique de cette succession.

Tout semble encore obscur jusqu'ici , mais c'est dans la troisiéme Régle fondamentale , c'est dans l'entrelacement des Accords Dissonans avec les Consonans, que la lumiere va commencer à se développer.

Troisiéme Régle fondamentale. De l'entrelacement des Accords Consonans avec les Dissonans.

Vous connoissez déja l'*Accord d'une Tonique* quelconque , du moins je le suppose ; sinon, prenez celui de *C Sol Ut* sur le Clavier, dans cet ordre *Ut* , *Mi* , *Sol* ; considerez-y seulement la *Seconde d'Ut*, qui est *Ré* , & sa *Note sensible* qui est *Si* ; bien-tôt vous allez être au fait de tout l'entrelacement dont il s'agit.

Si je vous dis de faire l'Accord de la *Seconde d'Ut* , d'abord vous joindrez *Ré* à *Ut*, qui est déja sous un de vos doigts : or si vous vous souvenez pour-lors que deux doigts étant joints, les deux autres doivent se placer à la *Tierce* de leur voisin , & si, en conséquence des Régles précédentes, vous avez déja l'habitude d'arranger vos doigts par *Tierces* ; d'abord avec la *Seconde d'Ut*,vous allez former tout l'Accord complet, que j'appelle *Accord de la Seconde.*

Si je vous dis de reprendre l'Accord de la *Tonique Ut* , & de faire ensuite son *Accord sensible*, vous devez déja connoître cet *Accord sensible* , par la Régle qui regarde la succession des *Accords Dissonans* ; sinon vous sçavez, par ce que je viens de dire, que la *Note sensible d'Ut* est *Si* : or arrangez tous vos doigts par *Tierces* depuis ce *Si* ; excepté que s'il s'en trouve deux au-dessous, ils doivent être joints, ou bien que s'il n'y en a aucun au-dessous , il faut joindre les deux plus hauts ; voilà cet *Accord sensible* trouvé.

La *Seconde* d'une *Tonique* est toûjours un *Ton* au-dessus, & sa *Noté sensible* est toûjours un *Demi-Ton* au-dessous; l'Accord de la *Seconde* & le *Sensible* sont Dissonans , on y emploie également quatre doigts, ils sont en même construction, tout y est par *Tierces* , ou deux doigts y sont joints, & les deux autres par *Tierces* : mais comme ils n'ont pas la même Note pour fonda-

mentale, ils paroiſſent différens ; *Ré* * eſt fondamental de l'Accord de la *Seconde*, *Ré*, *Fa*, *La*, *Ut* ; & *Sol* eſt fondamental de
l'*Accord ſenſible*, *Sol*, *Si*, *Ré*, *Fa* ; changez l'ordre de ces Notes, vous aurez *Ut*, *Ré*, *Fa*, *La*, d'un côté, & *Si*, *Re*, *Fa*, *Sol*,
de l'autre ; vous y trouverez, en un mot, quatre ordres différens, mais toujours, ou par *Tierces*, ou deux doigts joints, & le
reſte par *Tierces* ; la plus baſſe Note des *Tierces*, ou la plus haute
des deux jointes, comme *Ut* & *Ré*, y ſera toujours la fondamentale : ainſi la différence de ces deux Accords diſſonans ne conſiſte que dans leur Note fondamentale, & nullement dans leur
conſtruction.

Si, au lieu de donner la connoiſſance de ces deux Accords diſſonans par leur Note fondamentale, je leur fais prendre une
dénomination relative à la *Tonique*, c'eſt parce que cette *Tonique*
doit toujours être préſente à l'eſprit, tant pour ſçavoir dans quel
Ton l'on eſt, que pour ſçavoir quels *Dièzes* ou *Bémols* on doit
employer dans le courant des Accords ; d'où il vaut bien mieux
faire tout rapporter à ce même objet, que d'occuper à tout moment l'eſprit d'objets différens. Ainſi la *Tonique* connue, ſa *Seconde* & ſa *Note ſenſible* le ſont ſur le champ ; les doigts ont bien-
tôt contracté l'habitude d'en pratiquer les Accords, d'abord après
celui de la *Tonique* ; d'un côté, la *Seconde* de cette *Tonique* indique ſur le champ la conſtruction de l'Accord ; de l'autre côté, ſa
Note ſenſible en fait autant ; rien ne doit paroître plus ſimple,
comme l'éprouvent tous ceux qui en font uſage.

Je donne à cet entrelacement le nom de *Cadences*, pour les
raiſons alléguées à la page 22.

Si la maniere de former ces *Cadences* conſiſte à entrelacer l'Accord d'une *Tonique* avec ceux de ſa *Seconde* & de ſa *Note ſenſible* ;
on ne l'a pas fait cinq ou ſix fois dans un *Ton*, en y remarquant
bien la marche des doigts d'un Accord à l'autre, qu'on eſt en état
de le faire ſur le champ dans tous les *Tons*, pourvu qu'on n'y
ſoit point arrêté par les différens *Dièzes* ou *Bémols* qui entrent
dans les différens *Tons* : on peut du moins en pratiquer une douzaine de ſuite, de vingt-quatre qu'il y en a, le reſte ſe familiari-
ſant bientôt après pour peu qu'on l'exerce.

A chaque *Ton* qu'on exerce, il faut non-ſeulement juger du
nombre des *Dièzes* ou des *Bémols* qui y entrent, pour les employer par-tout, & cela ſelon la Régle donnée page 23 ; mais il
faut de plus reconnoître ſi le *Ton* eſt *Majeur* ou *Mineur* : ce que
je

je n'expliquerai point ici, parce que cela est à la portée de tous les Muficiens.

L'*Accord fenfible* eft toujours le même dans le *Ton majeur* & dans le *mineur* d'une même *Tonique*, de forte que la différence des *Dièzes* ou des *Bémols* n'y regarde que l'Accord de la *Seconde*.

Ces *Cadences* ont trois faces différentes ; mais avez-vous fous les doigts une des faces de l'Accord d'une *Tonique*, les deux autres Accords y coulent comme de fource, par la Régle donnée : car fi vous avez un doigt au-deffus de celui qui touche la *Tonique*, il eft toujours prêt à en toucher la *Seconde*, les autres fe plaçant enfuite chacun à la *Tierce* de fon voifin ; & fi vous n'avez point de doigts au-deffus, tous s'arrangent par *Tierces* depuis celui qui touche la *Tonique*, pour former l'Accord de la *Seconde :* de même que fi vous avez un doigt au-deffous de la *Tonique*, il eft toujours prêt à ltoucher la *Note fenfible ;* & s'il n'y en a point au-deffous, le même qui touche la *Tonique* fe gliffe pour lors fur cette *Note fenfible*, le refte de l'*Accord fenfible* fe formant comme il a été dit.

Une chofe à remarquer ici, c'eft que la *Tonique* doit toujours refter fous le doigt qui la touche, en entrelaçant fon Accord avec celui de la *Seconde ;* & qu'au contraire, la *Quinte* de cette même *Tonique* doit toujours refter fous le doigt qui la touche, en entrelaçant fon Accord avec le *fenfible*.

Par cette remarque, on voit le rapport des *Cadences* en queftion avec la fucceffion fondamentale par *Quintes*, fur laquelle eft établie, en partie, celle des Accords Confonans, page 26, & dont je n'ai pas éxigé l'exercice, à caufe de la diffonance, qui, comme je l'ai dit au même endroit, pouvoit y entrer : ces *Cadences* naiffent effectivement de la même fucceffion fondamentale, & c'eft aux Compofiteurs & aux Accompagnateurs à en fçavoir faire leur profit.

On peut s'appercevoir que ces *Cadences*, & la fucceffion des Accords Diffonans fourniffent un double emploi à l'Accord de la *Seconde ;* c'eft une affaire de Théorie, dont j'ai déja averti dans mon nouveau Syftéme *, & dont le Muficien ne peut fe refufer la connoiffance ; mais quant à la pratique de l'Accompagnement, l'*Accord* de la *Tonique* eft fuffifant pour faire connoître ce qui en doit être, & pour engager les doigts à obferver la marche qu'ils doivent tenir, lorfqu'il paroît immédiatement après celui de fa *Seconde*.

* Chap. 13
& 17.

E

Voilà tout le fond de l'Harmonie fucceſſive, & par conféquent tout le fond de l'Accompagnement : deux mois au plus doivent vous en fournir la pratique, fuppofé que vous ayez déja les mains exercées fur le Clavier ; & ſi, avec cela, vous avez la facilité d'exécuter la Baſſe fur la Muſique, vous devez être bientôt après en état d'accompagner à Livre ouvert.

Moyens de jcindre la Baſſe aux Accords.

Quand on ſçait pratiquer ces trois fucceſſions fondamentales, on y joint une Baſſe des plus ſimples, & l'on a foin de les entrelacer d'une maniere qui réponde à la fucceſſion des Accords Conſonans.

Par exemple, la fucceſſion des Accords diſſonans doit avoir pour la plus ſimple Baſſe, une fucceſſion entrelacée de *Quintes* en defcendant, & de *Quartes* en montant ; & celles des *Cadences* doit en avoir une de *Tierce*, toujours en defcendant, ou toujours en montant ; ce qui rappelle la premiere Régle fondamentale.

Ces Baſſes font, par-tout, fondamentales ; & à l'égard des *Cadences*, la feule *Tonique* doit fervir de Baſſe aux trois Accords qui les forment fucceſſivement ; d'où, quand la Baſſe defcend de *Tierce*, la *Quinte* de la *Tonique* que l'on quitte, monte feule fur la *Tonique* où l'on paſſe ; & quand, au contraire, la Baſſe monte de *Tierce*, l'*Oĉtave* de la *Tonique* que l'on quitte defcend feule

* Ceci regarde la fucceſſion fondamentale, par *Tierces* des Accords Conſonans, page 15.

fur la *Quinte* de celle où l'on paſſe *, pouvant ainſi pratiquer les vingt-quatre Tons de fuite.

Tout l'art qu'il faut obſerver entre la Baſſe & les Accords, c'eſt qu'il faut que cette Baſſe & le doigt par où commence l'Accord, frappent leurs Notes abfolument enſemble ; les autres doigts qui achevent l'Accord, tombant enſuite comme d'eux-mêmes, fuppofé qu'on ait pris l'habitude, comme on le doit d'abord, d'harpéger tous les Accords, en les faifant commencer par le plus bas des doigts, c'eſt-à-dire par le 2.

Huit jours au plus donnent, par ce moyen, la facilité de joindre la Baſſe aux Accords ; & remarquez bien que c'eſt une erreur de la joindre d'abord à ces Accords ; trop d'objets y occupent pour-lors, & fans parler des réflexions que cela exige, c'eſt que les mains fe génent, fe roidiſſent infailliblement dans l'exécution ; car dès que l'efprit eſt tendu, les reſſorts de la machine en fouffrent ; cela empêche même qu'on puiſſe y porter fon attention, d'où les habitudes néceſſaires en font extrêmement retardées.

Il ne faut pas douter que la facilité d'éxécuter la fucceſſion des Accords n'influe beaucoup fur la Baſſe. N'êtes-vous plus occupé des Accords, vous êtes tout entier à votre Baſſe : mais ſi, ſelon les Régles en uſage, chaque Accord vous demande une attention particuliere, comment y pourrez-vous ſuffire, & à la Baſſe en même tems ?

Quoique ces trois ſucceſſions fondamentales renferment tout le fond de l'Accompagnement, auſſi-bien que de l'Harmonie, elles ſouffrent cependant quelques Accords de plus, & quelques modifications, dont il faut être néceſſairement inſtruit.

L'Accord qui ſuit celui de la *Tonique*, eſt toujours arbitraire ; ainſi voyons quels autres Accords diſſonans que ceux que nous connoiſſons déja, peuvent lui ſuccéder.

Des différens Accords Diſſonans qui peuvent ſuccéder au Conſonant.

Il faut diſtinguer cette ſucceſſion en deux Claſſes ; l'une pour le *Ton* qui exiſte, & l'autre pour changer de *Ton*.

L'Harmonie ſucceſſive ne peut être agréable, s'il ne s'y rencontre quelques liaiſons d'un Accord à un autre : la choſe ne nous plait qu'autant que nos deſirs y ſont accomplis : nous y deſirons, il eſt vrai, ſans ſçavoir préciſément ce que c'eſt ; mais conſultons pour un moment la nature.

Les ſons dont ſe compoſe l'Accord d'une *Tonique* nous affectent les premiers, ils reſtent imprimés en nous ; & ſi nous n'entendons plus à leur ſuite ce qui nous les a d'abord rendus agréables, du moins l'un d'eux doit-il être conſervé pour que notre ſatisfaction ne ſoit pas abſolument éteinte. La ſucceſſion fondamentale des Accords conſonans en eſt une preuve ; les deux autres ſucceſſions s'y aſſujettiſſent ; & pour le démontrer on n'a beſoin que d'un fait d'expérience que je ne rappelle point ici, parce que ce n'en eſt pas le lieu.

Les ſons qui ſe conſervent ainſi d'un Accord à un autre, en font néceſſairement ſentir la liaiſon ; par ce moyen, leur ſucceſſion nous devient agréable.

Il ne s'agit donc, pour trouver tous les Accords diſſonans qui peuvent ſuccéder au conſonant, que d'examiner combien il s'en peut former, en y conſervant une des Notes de l'Accord de la *Tonique*.

Il y a trois Notes différentes dans l'Accord de la *Tonique*, cette *Tonique*, ſa *Tierce* & ſa *Quinte* ; chacune d'elles peut être jointe par ſa voiſine, au-deſſus ou au-deſſous ; voilà donc ſix Accords diſſonans poſſibles après celui de la *Tonique* : mais il y en a à rabattre, ſur-tout quand on ne veut point changer de *Ton*.

Si l'on joint la *Tonique* avec ſa voiſine au-deſſous, cette voiſine en formera pour-lors la *Septiéme*, dont elle fera fondamentale, mais non pas comme *Tonique :* d'où, pour lui conferver le titre de *Tonique*, il faut néceffairement exclure la *Septiéme* de fon Accor d, excepté que ce ne foit pour faire trouver plus aifément fous les doigts l'Accord diffonant qui vient enfuite ; car il ne s'agit pour-lors que d'ajouter la Note voifine au-deffous de la *Tonique* à l'Accord de cette *Tonique* déja fous les doigts ; & pour cela on a tou-jours un quatriéme doigt tout prêt à tomber fur la touche qui la forme.

Si l'on joint la *Tierce* de la *Tonique* avec fa voifine au-deffous, cela formera une diffonance trop défagréable ; en ce que non-feulement cette diffonance ne fera point liée à l'Accord qui l'aura précédée, mais encore parce qu'il ne s'y trouvera rien de fenfible qui puiffe l'y faire fupporter.

Si la liaifon eft néceffaire d'un Accord à un autre entre les confonances, elle doit l'être, à plus forte raifon, entre les diffo-nances ; & dans le cas où cela n'arrive pas fans déplaire, ce ne peut être qu'à la faveur d'une *Note fenfible* qui annonce pour-lors la *Tonique* & fon Accord.

Si nous fommes donc forcés d'exclure la jonction de la *Toni-que* & de la *Tierce* avec leurs voifines au-deffous, fur-tout dès qu'on veut conferver le même *Ton*, de fix Accords diffonans qui peuvent fuccéder immédiatement à celui de la *Tonique*, il ne nous en refte plus que quatre.

De ces quatre Accords nous en connoiffons déja deux ; l'un où la *Tonique* eft jointe par fa voifine au-deffus, c'eft l'Accord de fa *Seconde* ; & l'autre où la *Quinte* eft jointe par fa voifine au-def-fous, c'eft l'*Accord fenfible :* de forte qu'il ne nous manque plus que les deux, où la *Quinte* & la *Tierce* feront jointes par leurs voifines au-deffus.

L'Accord diffonant où la *Quinte* eft jointe par fa voifine au-def-fus, fe forme d'une *Sixte* ajoutée à l'Accord de la *Tonique* ; cette *Sixte* devient pour-lors fondamentale de l'Accord ; & pour la trou-ver fous les doigts, il ne s'agit que de laiffer tomber le doigt inu-tile dans l'Accord de la *Tonique*, auprès de fon voifin au-deffous ; excepté que fi cet Accord de la *Tonique* eft par *Tierce*, le 3 s'y fubftitue pour-lors au 2, pour porter celui-ci une *Tierce* plus bas ; ou bien encore on y fubftitue le 3 au 4, & le 4 au 5, pour placer celui-ci fur la Touche voifine au-deffus de celle qu'il occupoit.

Pour ce qui eft de l'Accord diffonant, où la *Tierce* eft jointe par

sa voisine au-dessus, on en use à l'égard de cette *Tierce* avec laquelle la *Quarte* sait *Seconde*, comme à l'égard de la *Tonique* pour
trouver l'Accord de sa *Seconde*. Connoissez-vous le doigt qui touche la *Tierce* dans l'Accord de la *Tonique*, placez son voisin au-
dessus sur la Touche voisine au-dessus de cette *Tierce*, & arrangez
les autres par *Tierces* ; ou bien si cette *Tierce* est sous le 5, arrangez tous les doigts par *Tierces* depuis ce 5.

Toutes ces Notes qui viennent joindre ici l'une de celles de
l'Accord de la *Tonique*, sont fondamentales, excepté dans l'*Accord sensible*.

Il est tout naturel que la nouvelle Note qui s'insere dans l'Accord de la *Tonique*, ou qui vient simplement y joindre l'une de
ses consonances, soit fondamentale, pour qu'elle y amene quelque chose de nouveau ; & c'est la raison pour laquelle aucune des
voisines au-dessous n'y est reçue, si ce n'est dans l'*Accord sensible*,
pour annoncer celui de la *Tonique*.

Il y a, de plus, un Accord hétéroclite amené par la *Suspension*, & appellé Accord de *Quarte*, qui peut suivre celui de la
Tonique ; mais ce n'est que l'Accord de la *Seconde* dont on retranche une partie de l'harmonie : car faites descendre pour-lors sur
la *Seconde* de la *Tonique*, le doigt qui en touche la *Tierce*, & conservez le reste de l'Accord de cette *Tonique*, vous aurez l'Accord
en question.

Si cet Accord de *Quarte* suit un dissonant, conservez les deux
doigts joints, ou les deux extrêmes quand ils sont tous par *Tierces*,
& ajoutez-y un troisiéme doigt seulement, à la *Quarte* de son voisin, n'importe de quel côté, sa construction y sera toujours la même.

Je conserve à cet Accord le nom de *Quarte*, selon l'usage,
parce qu'à la réserve des deux doigts joints qui peuvent s'y rencontrer, les autres sont toujours éloignés d'une *Quarte*.

Quand le *Ton* change, c'est pour-lors qu'on peut ajouter la *Septiéme* de la *Tonique* à son Accord ; mais cette *Septiéme* y est presque
toujours le *Ton* au-dessous de cette *Tonique*, & aide le plus généralement à former l'*Accord sensible* du *Ton* où l'on va passer.

Qui plus est, tous les Accords précédens deviennent communs
aux deux *Tons* successifs ; la *Sixte* ajoutée, ou la *Quarte* jointe à
la *Tierce*, peut devenir l'*Accord* de la *Seconde*, & celui-ci peut
devenir le *Sensible*, à la différence près de l'un des intervalles qui
peut y changer de genre, c'est-à-dire, de *majeur* en *mineur*, ou
de *mineur* en *majeur*.

De-là, si l'Accord de *Quarte* tient lieu de celui de la *Seconde* du *Ton* que l'on quitte, il tient lieu, en même tems, de l'*Accord sensible* du *Ton* où l'on passe.

On emploie toujours dans ces différens Accords les Notes affectées au *Ton* qui existe; & si quelques intervalles viennent à y changer de genre, par rapport au *Ton* où l'on passe, c'est l'affaire du signe.

Si l'on peut encore changer de *Ton*, en passant d'une *Tonique* à une autre, ou à un *Accord sensible* qui n'ait rien de commun avec celui de cette premiere *Tonique*, c'est encore l'affaire du signe.

Si la *Cadence parfaite* peut être *rompue*, en y faisant monter la Basse fondamentale de *Seconde*; si elle peut être encore *interrompue* en y faisant descendre la Basse fondamentale de *Tierce*, lorsque par-tout cette Basse devroit naturellement descendre de *Quinte*; si ce qui dérive de cette *Cadence*, comme la succession des Accords dissonans, peut jouir du même privilége, & si de-là naissent des *suspensions* & des changemens du *Ton*, c'est toujours l'affaire du signe; car il ne s'agit que d'y faire descendre un doigt de plus ou de moins; sinon d'y admettre l'Accord d'une autre *Tonique* que celle qu'annonce en ce cas le *sensible*, sans déroger pour cela aux successions légitimes où la Note *sensible* monte toujours sur sa véritable *Tonique*, & où des deux doigts joints, le plus bas descend toujours; sinon le 5, quand ils sont tous par *Tierces*.

Un *Accord sensible* d'une nouvelle construction peut se présenter encore, soit en conservant le même *Ton*, soit pour en changer; mais il suffit pour-lors d'en connoître la *Note sensible*, le signe fait le reste.

Ce que je fais dépendre ici du signe, ne consiste que dans la maniere d'indiquer combien de doigts il faut faire descendre après un Accord dissonant; quelle est la nouvelle *Tonique* ou la nouvelle *Note sensible* dont il faut faire l'Accord; ou bien quelle est la *Note* dont il faut toucher le *Diéze* ou le *Bémol*, & quel est en même tems le doigt qu'il faut y faire passer; ce qui n'amene rien de nouveau dans la Méthode. Connoissez-vous l'Accord dissonant qui doit suivre le consonant, il ne vous reste plus rien à sçavoir que ce que vous sçavez déja; car après cet Accord dissonant, ne peut suivre qu'un consonant, ou un autre dissonant: donc vous rentrez dans les deux dernieres Regles de succession: si, au contraire, un consonant suit l'autre, c'est la premiere Régle de succession.

Ce qui rend arbitraire l'Accord dissonant qui doit suivre le

consonant ; c'est la nécessité d'allonger ou d'abréger la phrase la succession arbitraire.
harmonique ; nécessité encore plus déterminée dans la Musique
vocale que dans l'instrumentale.

Le même principe qui admet le passage d'un Accord consonant
à un autre, admet également celui d'un consonant à un dissonant ; parce qu'il y a même fondement de part & d'autre, & par
conséquent même succession fondamentale.

La succession fondamentale de *Tierce* en montant, n'est cependant libre que pour changer de *Ton*, encore faut-il que ce soit
par un nouvel *Accord sensible :* mais en revanche l'Accord de la
Seconde introduit dans les *Cadences*, trouvant un fondement réel
dans cette *Seconde* même, nous procure une succession fondamentale en montant d'une *Seconde*, pour passer de l'Accord consonant au dissonant.

Voulez-vous ensuite passer d'un Accord dissonant à un autre, le principe de cette succession se restreint pour-lors dans des
bornes plus étroites ; & dès que vous conservez le même *Ton*,
ce principe n'est autre que celui de la *Cadence parfaite*, sur lequel
j'ai effectivement établi la plus générale succession des Accords
dissonans.

Si le *Ton* n'est sensiblement déterminé que par la *Cadence parfaite*, il est tout naturel que ce principe nous conduise, du moins
lorsque nous déguisons le *Ton* par une suite continuelle de dissonances : qui plus est, si ce *Ton* n'a pour tout principe de succes-
sion, qu'une marche fondamentale par *Quintes* *, & si nous ne * Régle des Cadences. pages 31 & 32.
pouvons y faire usage de la *Quinte* en montant, pour *sauver* la
dissonance, conformément aux Régles que la nature nous a ins-
pirées de tout tems, il ne nous y reste donc plus que la *Quinte* en
descendant, c'est-à-dire, la *Cadence parfaite :* toute autre succession fondamentale, soit de *Seconde* en montant, soit de *Tierce* en
descendant, naissant de l'interruption de cette *Cadence parfaite*, ce
qu'on apelle *Cadence rompue*, & *Cadence interrompue* ; de sorte qu'il
s'y agit pour-lors d'un changement de *Ton*, ou du moins d'une *Suspension*.

N'ayant nul égard ici au changement de *Ton*, ni à la *Suspension*,
nous pouvons juger, tant par ce que nous venons de reconnoître,
qne par la succession des Accords dissonans, quel est le dissonant qui doit suivre le consonant, pour rendre la phrase harmonique plus ou moins longue, & quels sont ceux dont ce dissonant doit être suivi lui-même jusqu'à la fin de la phrase.

L'Accord de *Tierce-Quarte* eſt celui par où commencent les plus longues phraſes : après lui viennent ſucceſſivement deux autres Accords diſſonans , leſquels n'étant point compris parmi ceux qui peuvent ſuccéder immédiatement à l'Accord de ſa *Tonique*, ne méritent pas qu'on y faſſe attention ; le principe de leur ſucceſſion , & la marche des doigts dans la Méthode , où ils deſcendent toujours de deux en deux , ſuffiſent pour les faire connoître & pratiquer : mais d'abord après ces deux-là , paroiſſent ſucceſſivement l'Accord où la *Sixte* eſt ajoutée , celui de la *Seconde* , & le *Senſible* qui annonce l'Accord de ſa *Tonique*.

Voulez-vous abréger la phraſe , prenez l'Accord où la *Sixte* eſt ajoutée , les deux autres que je viens d'énoncer à ſa ſuite le ſuivront par conſéquent.

Voulez-vous abréger davantage cette phraſe , prenez l'Accord de la *Seconde* , après lequel viendra le *Senſible.*

Voulez-vous encore l'abréger davantage , prenez d'abord *l'Accord ſenſible.*

De-là vous concluez que l'Accord où la *Sixte* eſt ajoutée doit précéder celui de la *Seconde* , & celui-ci le *Senſible ;* dès qu'aucun des deux derniers ne peut être précédé immédiatement de celui de la *Tonique.*

La phraſe peut être également abrégée avec l'Accord de a *Seconde* , & avec le *Senſible* , ſelon l'ordre des *Cadences :* ce qui dépend de la *Cadence* qu'on y veut employer.

Toutes ces phraſes peuvent être allongées par la *Suſpenſion* de la *Quarte* , entre l'Accord de la *Seconde* & le *Senſible* , & entre ce dernier & celui de la *Tonique ;* mais on ne fait qu'augmenter pour-lors la durée de ces deux Accords diſſonans de la *Seconde* & du *Senſible* , puiſqu'on y conſerve les mêmes diſſonances & le même fondement , comme on en doit juger ſur ce que j'en ai dit à la page 37.

Une autre *Suſpenſion* que celle de la *Quarte* peut ſe trouver entre l'*Accord ſenſible* & celui de la *Tonique :* mais cela n'eſt rien dans la pratique : un ſeul doigt à deſcendre , au lieu de deux , en fait tout le myſtère.

S'il y a de la différence entre ces deux ſortes de *Suſpenſions* , remarquez qu'elle ne conſiſte que dans le choix de l'un des deux doigts qui doivent deſcendre d'un Accord Diſſonant à un autre , ou à un Conſonant , pour le faire deſcendre ſeul. Prenons , par exemple , l'*Accord ſenſible* , *Sol , Si , Ré , Fa* , dont *Ré* & *Fa* doivent

vent defcendre pour former l'Accord Diffonant qui lui fuccédera,
ainfi que pour former l'ordre de la *Tonique Ut.* Si vous ne faites
defcendre que *Ré*, vous formerez pour-lors l'Accord de *Quarte*,
en y confervant les deux doigts extrêmes, fur *Sol*, & fur *Fa* : & fi
vous ne faites defcendre que *Fa*, vous formerez pour-lors l'autre
Sufpenfion, où defcendra effectivement le doigt fenfiblement connu, pour devoir defcendre le premier.

Il n'y a dans tout cela qu'un jeu de doigts, un badinage, dont
il fuffit d'être averti, pour ne pouvoir s'y tromper, fur tout quand
on a un Signe propre pour en rappeller l'idée.

Il peut fe trouver par tout, même après chaque Accord de la
plus longue phrafe, des *Sufpenfions* pareilles aux précédentes :
mais le *Ton* change pour-lors autant de fois, fans qu'il en réfulte
rien de nouveau pour la pratique.

Dans ces mêmes phrafes peuvent fe trouver des imitations de
la *Cadence rompue*, où pour lors il y a trois doigts à defcendre ; la
véritable *Cadence rompue* n'ayant jamais lieu qu'après l'*Accord
fenfible*, qui eft pour-lors fuivi de l'Accord d'une autre *Tonique*
que la fienne ; fans déroger, pour cela, aux fucceffions légitimes,
comme je l'ai déja dit.

On prend quelquefois la licence de ne point rendre *fenfible*
l'Accord diffonant qui précéde le confonant, & cela dans la fucceffion fondamentale d'une *Cadence rompue* : mais la pratique en
eft la même ; le Signe difpenfe d'y faire attention.

L'arbitraire qui regne ici entre les Accords diffonans qui peuvent fuccéder au confonant, a donc pour principe, comme on
n'en doit pas douter, le plus ou le moins d'étendue qu'on veut
donner à une phrafe harmonique ; ce qui n'eft pas toûjours obfervé bien régulierement, fur-tout relativement au fens des paroles
dans la Mufique vocale ; quoique ce foit, cependant, un moyen
d'augmenter la force de l'expreffion.

L'Accord diffonant qui doit fuivre le confonant étant décidé,
vous fçavez d'abord par la marche des doigts de deux en deux,
de quel autre Accord il doit être fuivi ; & fi cette marche vient
à être interrompue, vous le connoiffez fur le champ par un Signe qui ne peut vous le laiffer échapper ; d'où vous êtes en état
de rapporter le tout à fon principe, quand vous le jugez à propos.

On pourroit m'objecter ici un cas qui dépend de la *Cadence irré-
guliere*, c'eft à dire, d'une fucceffion fondamentale en montant

de *Quinte ;* où pour lors on paſſe de l'Accord de la *Sixte* ajoûtée ;
au *Senſible*, ſans admettre, entre deux, celui de la *Seconde ;* mais
outre que c'eſt une licence, cela n'eſt de nulle conſéquence dans
la Méthode.

En attendant que je puiſſe juſtifier toutes ces vérités, par une
démonſtration évidente, les Ouvrages de Muſique compoſés & à
compoſer, m'en feront garants ; je dis à compoſer, parce que la
nature eſt une, & qu'elle guidera toûjours le Muſicien comme
elle l'a guidé juſqu'ici, quant au fond de l'harmonie : pour preuve de cela, ne vous attachez qu'à ſatisfaire votre oreille dans vos
productions, ſans vous y occuper d'aucune régle ; vous les trouverez infailliblement dans l'ordre des ſucceſſions propoſées, pourvû que vous ſoyez capable d'en juger vous-même : car les plus
grands talens pour un art, n'en ſuppoſent pas toûjours la connoiſſance ; au contraire, ils nous éloignent le plus ſouvent des recherches néceſſaires pour arriver à cette connoiſſance : nous
croyons ſçavoir, parce que nous ſentons, & nous nous en tenons
volontiers à ce ſeul ſentiment : mais en ce cas, rapportez-vous-en
à ceux dont les lumieres ne vous feront point ſuſpectes.

Toute bonne Muſique, toute Muſique qui plaît, eſt néceſſairement dans l'ordre de ces ſucceſſions : mais l'oreille a beau nous
y conduire heureuſement ; ſans une profonde connoiſſance, nous
ne ſommes point à l'abri de nous tromper dans nos jugemens ſur
les routes qu'elle nous y a dictées : ici nous confondons la *Sup-
poſition* & la *Suſpenſion* avec l'harmonie fondamentale ; là nous
prenons une Note de goût pour une Note d'Harmonie, ou bien
nous prenons celle-ci pour une Note de goût ; ici nous *rompons*
ou *interrompons* une *Cadence* qui devroit être *parfaite*, ou bien
nous la rendons *parfaite*, lorſqu'elle devroit être *rompue*, ou
interrompue ; ce qui doit s'entendre également dans l'imitation de
ces *Cadences ;* là nous attribuons à un *Mode*, ou *Ton*, ce qui ap-
partient à un autre : ici nous ne nous embarraſſons nullement de
la ſucceſſion naturelle des conſonances, pas même quelquefois,
de celle des diſſonances ; là nous faiſons ſyncoper l'harmonie,
contre l'ordre même de ces routes que l'oreille nous a dictées ;
enfin rien n'eſt plus commun, parmi nous, que ces ſortes d'erreurs ; nous en avons la preuve en main, cela ne ſe peut cacher,
nos Chiffres en font foi : voyez, par exemple, ce qui regarde
Corelli ſur ce ſujet, dans le XXIIIe. Chapitre de mon nouveau
Syſtéme ; encore n'y ai-je pas pouſſé mes Obſervations, à beaucoup

près, aussi loin qu'on le pourroit. Or, pourquoi le chiffre ne ré-
pond-il point ici à la perfection de la Musique ? c'est que l'un est
l'ouvrage du jugement, au lieu que l'autre peut n'être que l'ouvrage de l'oreille : & comment se pourroit il, en effet, qu'on eût
agi des deux côtés par les mêmes ressorts , puisque l'un dément
les perfections de l'autre?

Parlons maintenant des Signes , en observant à combien d'Accords se réduit la nouvelle Méthode,

Nous avons pour tout Accord, celui de la *Tonique*, celui de *Il n'y a que sept Accords.*
sa *Seconde*, son *sensible*, celui de sa *Septiéme*, celui de sa *Sixte*
ajoûtée , celui de sa *Tierce-Quarte*, & celui de la *Quarte* ; les autres ne sont nullement à considérer , parce que la Méchanique
des doigts annoncée les fournit , sans qu'on soit obligé d'y pen-
ser : donc de vingt-cinq, reste à sept ; & de ces vingt-cinq, dont
chacun doit se rapporter à différentes Notes du *Ton*, en voici sept,
dont chacun ne doit se rapporter qu'à la seule *Tonique* ; si vous
sçavez sous quel doigt est cette *Tonique*, ou sa *Tierce*, aucun de
ces sept Accords ne peut vous échapper, en apperçevant son
Signe.

Signes des Accords.

L'Accord de la Seconde sera marqué d'un	2.
L'Accord Sensible d'un	x.
L'Accord de la Septiéme , d'un	7.
L'Accord de la Sixte ajoûtée , d'un	aj.
L'Accord de la Tierce-Quarte , d'un	$\frac{3}{4}$
L'Accord de la Quarte , d'un	4.

Chacun de ces Accords se rapportera directement à la *Tonique*,
dont le Signe précedera toûjours le leur.

2. signifiera *la Seconde* de la *Tonique* ; d'où l'Accord de la *Seconde* sera connu.

x. signifiera la *Note sensible* de la *Tonique* ; d'où l'*Accord sensible*
sera connu.

7. signifiera la *Septiéme* de la *Tonique* ; qu'il suffira d'ajoûter à
l'Accord de cette *Tonique*.

aj. signifiera la *Sixte* de la *Tonique* ajoûtée à son Accord : mais *Explication sur la Sixte ajoûtée.*
j'entens que pour-lors on perde l'idée de *Sixte*, & que l'on con-
serve seulement celle de l'*Ajoûté* , que doivent nécessairement
rappeller les deux premieres lettres *aj* de ce mot : ayant déja expliqué page 36, de quelle maniere cette *Sixte* s'ajoûte à l'Accord
de la *Tonique*.　　　　　　　　　　　　　　　　　　F ij

3. ſignifieront la *Tierce* & la *Quarte* de la *Tonique* ; de ſorte qu'ayant déja la *Tierce* ſous un doigt, & ſçachant quel eſt ce doigt qui la touche , le reſte de l'Accord eſt trouvé , ſelon ce que j'en ai déja dit.

4. ſignifie la ſeule *Seconde* de la *Tonique* , où il s'agit ſeulement de gliſſer le doigt qui eſt ſur la *Tierce* de cette *Tonique*.

Si le chiffre 4 ne préſente pas l'idée de *Seconde* , il rappelle du moins celle de la diſpoſition des doigts dans l'Accord de *Quarte* , ſelon ce que j'en ai touché à la page 37.

Prenez l'Accord de telle *Tonique* qu'il vous plaira , choiſiſſez parmi ces derniers , celui que vous voudrez lui faire ſuccéder , ſuppoſé que vous ayez fait quelque attention à la maniere dont j'ai dit que chacun de ces Accords ſe trouve ſous les doigts après celui de la *Tonique* ; vous ſerez peut-être ſurpris de la facilité avec laquelle vous l'éxécuterez : je dis que vous ſerez ſurpris, attendu ce qu'il en a coûté juſqu'ici pour cela ; car rien n'eſt plus ſimple dans le fond : vous pourrez voir enſuite qu'un Accord ainſi trouvé vous tiendra lieu le plus ſouvent de cinq, & même de ſept, ſelon l'exemple de la page 12 ; ſuppoſé que vous connoiſ-ſiez les différentes Notes de Baſſe qui peuvent le porter, & qui ont occaſionné aſſez mal-à-propos les diſtinctions qu'on en a faites.

Si, après l'Accord diſſonant ainſi trouvé, vient un conſonant , la Lettre prépoſée à cet effet l'indiquera : mais ce ne pourra jamais être pour-lors qu'après l'Accord de la *Seconde* , le *Senſible* , ou ce-lui de la *Quarte* , attendu que ce dernier tient toûjours lieu de l'un des deux précédens , comme je l'ai déja dit ; ne le répétant ici que pour prouver que je ne m'écarte pas de ma premiere Ré-gle donnée dans les *Cadences* , page 22 , ſçavoir que l'Accord conſonant ne pouvoit jamais être précedé d'aucun autre diſſo-nant que du *Senſible* , ou de celui de la *Seconde* ; même dans la *Cadence rompue* , où toute la différence qu'il y a , conſiſte à voir paroître à la ſuite d'un *Accord ſenſible* , un autre conſonant que ce-lui qu'éxige naturellement cet *Accord ſenſible*.

Si , après l'Accord diſſonant , il en vient un autre , ce n'eſt plus que l'affaire des doigts , où pour-lors on les fait deſcendre alterna-tivement : or comme par la Régle fondamentale de la ſucceſſion des Accords diſſonans , on ſçait quels doigts il faut faire deſcendre les premiers , des points ſuffiſent pour marquer cette ſucceſſion : un point marquera un doigt à deſcendre , deux points , l'un ſur l'autre , ainſi : , marqueront deux doigts à deſcendre ; & trois points l'un fur l'autre, aihfi ⠒ , marqueront trois doigts à defcendre ; avec cette réferve, que le plus haut des points, de même que le point feul, indiquera toûjours le premier doigt qu'il faut faire defcendre ; fçavoir, le plus bas des deux joints, finon le 5 quand ils font tous par *Tierce.*

Sçachant quels *Diézes* ou *Bémols* entrent dans le *Ton*, dont le Signe aura paru, & à l'occafion duquel on aura fait l'Accord de la *Tonique*, on ne manquera pas de les employer dans le courant des Accords, depuis ce Signe du *Ton*, jufqu'à celui qui viendra enfuite ; mais fi dans ce courant d'Accords, vient un nouveau *Diéze*, ou *Bémol*, on le trouvera pour-lors à la place d'un point, foit feul, foit au-deffus, foit au-deffous d'un point.

Le nouveau *Diéze*, ou *Bémol*, occupera prefque toûjours la place du plus haut des points, d'où le doigt indiqué, par ce moyen, pour y defcendre, fera fenfiblement connu ; le plus bas des deux joints, ou le 5, s'ils font tous par *Tierces.*

Le Signe de la *Note fenfible* eft, en ce cas, le même que celui du *Diéze* ; & l'un & l'autre Signe vous dit qu'il faut toûjours faire defcendre le doigt connu d'un *demi-Ton*, c'eft-à-dire, fur la touche la plus voifine au-deffous de celle qu'il occupe.

Le *Bémol* avertit, au contraire, qu'il faut toûjours faire defcendre le doigt connu fur une *Touche-Bémole* ; car fi la touche devoit être pour-lors naturelle, on trouveroit un *Béquare*, au lieu du *Bémol*, & même au lieu du *Diéze :* ayant foin de n'employer jamais ces Signes que relativement aux touches, comme cela convient d'ailleurs au rapport des *Tons* fucceffifs ; obfervation très-néceffaire pour la facilité de l'Accompagnement, & même pour l'intelligence de la Mufique dans l'éxécution, dont cependant on n'a fait nul cas jufqu'ici : on ne voit que piéges tendus dans ces fortes d'occafions.

Si le *Diéze*, ou le *Bémol* occupe la place du plus bas des deux points, ce qui eft très-rare, cela regarde pour-lors le plus bas des deux doigts qu'il faut faire defcendre enfemble : mais en ce cas le nouveau *Diéze* ou *Bémol* eft toûjours celui qui vient immédiatement à la fuite du dernier qu'a éxigé le *Ton* jufques-là : moyen par lequel on ne peut jamais fe tromper, quand on fçait parfaitement la Gamme des *Diéze* & des *Bémols.*

Quand la fucceffion des Accords diffonans eft une fois familiere aux doigts, on peut fe mettre à l'épreuve, dans l'efpace de deux ou trois jours, de trouver fur le champ tout nouveau *Dié-*

ze ou *Bémol*, indiqué par son Signe à la place d'un point.

Si la *Tonique* est une Note *Diézée* ou *Bémolizée*, on joint pour-lors le Signe du *Diéze*, ou du *Bémol* à la Lettre qui l'indique.

Si cette *Tonique* doit porter une *Tierce majeure* ou *mineure* accidentelle, on trouve pour-lors un *Diéze*, ou un *Bémol* au-des-sus de la Lettre qui l'indique ; ce *Diéze* ou ce *Bémol* tenant toûjours lieu du plus haut des points , après un Accord dissonant.

S'il vient un *Accord sensible* accidentel , il sera marqué de la même Lettre qui indique la *Tonique* : avec cette différence que le Signe de l'*Accord sensible* y sera joint ; d'où connoissant que tel-le Note est pour lors la *Sensible* , tout le reste de l'Accord sera trouvé par la Régle donnée sur ce sujet à la page 30.

Si l'Accord de la *Seconde* doit former le *Sensible* , on voit pour lors ⁷₂ , d'où l'on conçoit deux choses ; premierement, que le 2 se rapporte à la *Tonique* d'auparavant , & que l'x se rapporte à celle qui vient ensuite ; secondement que la *Tierce* au-dessus des deux doigts joints , doit être *majeure.*

Si l'*Accord sensible* doit former celui de la *Seconde*, on voit pour-lors ⁷₂ avec un *Bémol* , ou un *Béquare* joint à l'x ; pour vous dire d'arranger vos doigts de même que dans l'*Accord sensible* du *Ton* dont le Signe a précédé , en y substituant seulement à la *Touche* qui forme la *Note sensible*, son *Bémol* ou son *Béquare*, & qu'en ce cas vous faites l'Accord de la *Seconde* du *Ton* qui vient ensuite.

Si l'*Ajoûté* devient *Seconde* , il n'y a jamais de changement , si ce n'est que dans les *Tons-Mineurs* cet *Ajoûté* doit être sur un *Béquare* , ou sur un *Diéze* ; en quel cas on joint ce Signe à celui de l'*Ajoûté*, qui vous dit pour-lors ajoûtez *Béquare* au *Diéze.*

Si l'Accord de *Tierce-Quarte* devient celui de la *Seconde* , on voit pour-lors un *Béquare*, ou un *Diéze* joint au chiffre 4 , pour avertir que la Touche voisine au-dessus de la *Tierce* doit être *Bé-quare* , ou *Diéze.*

Si ce dernier Accord devient l'*Ajoûté* , rien n'y change ; c'est pourquoi je n'en ai pas d'abord fait mention.

L'Accord de *Quarte* est toûjours le même , quoiqu'il arrive , parce que les Notes voisines , qu'on y conserve seules , appartiennent également à l'Accord de la *Seconde* du *Ton* qui a précédé , & à l'*Accord sensible* du *Ton* qui vient ensuite.

Réflexion sur la Quarte imaginaire dissonante. Ce n'est que pour tenir l'Auditeur en suspens qu'on s'est avisé de dépouiller ainsi l'harmonie de l'Accord de la *Seconde* & du *Sen-sible* , pour en former , en apparence , un nouvel Accord qui y tienne le milieu : mais comme le feul fentiment y a conduit le Muficien, il a pris ce dépouillement d'harmonie pour une nouvelle harmonie dans le fond ; & fans examiner d'où naît en nous l'impreffion de la confonance & de la diffonance, fans avoir égard feulement à l'effet qu'il éprouve de la *Quarte*, de la *Seconde* ou de la *Septiéme*, chacune en particulier, il a taxé ici la *Quarte* de diffonance, pendant que l'effet de la diffonance que nous y éprouvons vient directement de la *Seconde*, ou de la *Septiéme*, & nullement de la *Quarte*. J'efpere démontrer ce fait dans un Ouvrage de Théorie, que je donnerai bien-tôt.

S'il vient un *Accord fenfible* de nouvelle conftruction, comme je l'ai déja annoncé, un *Bémol* placé au-deffous de fon Signe en procurera la pratique fur le champ ; ce *Bémol* fignifiant que la *Tierce* au-deffous de la *Note-fenfible* doit être *Mineure*, & qu'en un mot, de quelque doigt qu'on touche la *Note-fenfible* indiquée par fon Signe, il n'y a qu'à les arranger tous par *Tierces-Mineures*, relativement à cette *Note-fenfible* déja fous un doigt.

Qui dit *Tierces-Mineures*, dit les plus petites *Tierces* poffibles fur le Clavier ; & fi l'une des *Tierces* y forme pour-lors *Seconde fuperflue*, cette diftinction eft inutile dans la pratique.

L'ufage a tôujours fait diftinguer ce dernier Accord en cinq, fçavoir, en Accords de *Septiéme diminuée*, de *Seconde fuperflue*, de *Sixte-Majeure* avec la *fauffe Quinte*, de *Triton* avec la *Tierce-Mineure*, & de *Septiéme fuperflue* avec la *Sixte Mineure* ; on a même oublié d'y comprendre encore la *Quinte fuperflue* avec la *Quarte* ; nul n'en a parlé, nul ne l'a mis en pratique : or il y a fi peu de différence entre ce nouvel *Accord fenfible*, & celui de l'exemple inféré dans la p. 12, qu'on peut les regarder quafi comme un même Accord ; une *Tierce-Majeure* rendue *Mineure*, ou *Seconde fuperflue*, en fait toute la différence ; un feul *Bémol* vous met au fait de cette différence dans la pratique : donc je puis dire encore que d'un feul Accord on en a fait douze, ou bien, que de ces douze Accords, auxquels j'en ajoûte un de plus, fçavoir, la *Quinte fuperflue* avec la *Quarte*, je n'en fais qu'un.

Il n'y a point d'accidens prévus, & non prévus dans les Accords, qui ne puiffent être indiqués ainfi ; c'eft-à-dire, par un *Diéze* ou un *Bémol* mis au-deffus, ou au-deffous d'un Signe, pour marquer la *Tierce-Majeure* ou *Mineure* de la Note connue par ce Signe.

Dans le *Chromatique*, & dans l'*Enharmonique* une petite ligne tirée en defcendant, ou en montant, depuis le Signe d'une Note connue, pour marquer qu'elle doit defcendre, ou monter d'un *demi Ton*, détruit tout l'embarras que produifent ces genres d'harmonie dans l'éxécution.

J'ai tout dit, de peur que quelque habile Muficien ne croie rencontrer en fon chemin quelque chofe d'impoffible à ma Méthode : finon j'aurois pû me paffer d'en développer plufieurs particularités qu'on pourra prendre pour autant de difficultés, fans prévoir combien la pratique d'une Régle influe fur l'autre : autre chofe eft de fuivre de l'efprit une Méthode, autre chofe eft de la fuivre en la pratiquant : la Mémoire & les doigts font ici, ce que l'on ne peut que fuppofer de l'autre part ; mais ordinairement dans cette fuppofition, on doute, & dans ce doute fe confirment volontiers les opinions plus ou moins favorables fur la chofe.

Mais rapprochons tout ce Plan : dénuons-le des Réfléxions qui le défuniffent, & faifons-en une Récapitulation, pour voir de plus près ce que peut valoir la Méthode en elle-même.

RECAPITULATION.

Il n'y a que deux Accords, le confonant & le diffonant ; ils font également divifés par *Tierces* ; excepté que dans l'un, la *Tonique* a toûjours une *Quarte* au-deffous d'elle, & que dans l'autre, il peut fe trouver deux Notes, ou deux doigts joints : le premier ne contient que trois Notes, & le dernier en contient quatre.

La plus baffe Note des *Tierces*, ou celle qui n'a point de *Tierce* immédiatement au-deffous d'elle, eft toûjours la fondamentale.

L'Accord confonant n'eft autre que celui de la *Tonique* : *Tonique* qui eft la fondamentale de cet Accord, & par laquelle le *Ton* eft connu.

Une feule Lettre, dont la fignification eft connue dans la Gamme, indique le *Ton*, la *Tonique*, & fon *Accord* ; d'où fe tire la connoiffance des *Diézes*, ou des *Bémols*, qui doivent entrer dans le courant des Accords, d'une *Tonique* à l'autre.

Il n'y a que trois fucceffions fondamentales ; celle des Accords confonans entr'eux, celle des diffonans entr'eux, & celle de leur entrelacement.

Tout fe rapporte à la feule *Tonique* ; ce qui nous difpenfe d'avoir aucun égard à la Baffe, dans la fucceffion des Accords.

Les

Les doigts passent toûjours d'une Touche à sa voisine.

La succession des Accords consonans n'a besoin d'être exercée que dans une marche fondamentale par *Tierces*, distinctement indiquée par les Lettres successives, comme *C A*, ou *A C*; & toute la marche des doigts y consiste à faire monter la *Quinte*; les Lettres marquant une succession en descendant, comme *C A*; ou à faire descendre l'*Octave*, quand ces Lettres marquent une succession en montant, comme *A C*, mouvement contraire de toute part.

On peut passer légerement sur cette premiere Régle fondamentale, parce qu'elle se confond dans la troisième.

Dans la succession des Accords dissonans, les doigts observent un ordre méchanique, où celui qui doit marcher le premier est sensiblement connu; le 5 s'y approche de son voisin, comme de lui-même, quand tout est par *Tierces*; & de deux doigts joints le plus bas descend bien-tôt aussi comme de lui-même, après quelques jours d'exercice.

Faut-il faire descendre deux doigts, ils sont également connus; ils marchent pour-lors alternativement de deux en deux: huit jours d'exercice rendent cette marche familiere.

Faut-il faire descendre trois doigts, conservez le fondamental sur sa touche, & glissez les trois autres; cela s'apprend sur le champ.

Remarquez ici que les doigts s'attirent ou se chassent, & qu'ils courent toûjours les uns après les autres en descendant, pour éxécuter ce qu'il y a eu de plus compliqué jusqu'à présent dans la Musique, & sur-tout dans l'Accompagnement.

Des points l'un sur l'autre indiquent le nombre des doigts à descendre; & le point seul, ou le plus haut des points est toûjours pour le doigt qu'il faut faire descendre le premier.

Un *Dieze* ou un *Bémol* mis à la place de l'un des points, indique le doigt qu'il faut faire descendre sur une Touche *Dieze*, ou *Bémol*, le Signe de la *Note sensible* tient pour-lors lieu du *Dieze*; & ainsi que ce *Dieze*, il signifie qu'il ne faut faire descendre que d'un *demi Ton* le doigt qu'il indique; de sorte que quelqu'inconnu que puisse être pour-lors un *Dieze*, ou un *Bémol*, on le trouve d'abord sous les doigts: ce que j'ose dire être heureux.

Dans l'entrelacement des Accords Consonans avec les Dissonans, il ne s'agit que de deux *Cadences fondamentales* où la *Tonique* fait connoître sa *Seconde*, & sa *Note sensible*, sur lesquelles

G

se décident les Accords Diſſonans qui s'y entrelacent avec le Conſonant.

Quand on eſt en état de joindre la Baſſe à cet entrelacement, la ſucceſſion fondamentale des Accords Conſonans y eſt pour-lors rappellée, ſelon ce qui paroit à la page 34.

Si la ſucceſſion eſt allongée, c'eſt-à-dire, ſi l'Accord de la *Tonique* ne ſuccéde pas immédiatement au premier diſſonant, il peut paroitre pour-lors un autre diſſonant que l'un des deux précédens ; mais il ſe rapporte toûjours à la *Tonique* déja connue & pratiquée.

De même que l'Accord de la *Seconde* & le *Senſible* ont leurs Signes particuliers relatifs à la *Tonique* connue, de même auſſi les autres Accords Diſſonans auront leur Signes également relatifs à cette *Tonique :* de ſorte qu'avec ces Signes, & avec la maniere de trouver ſous les doigts les Accords qu'ils indiquent, où tout eſt par *Tierces*, ſinon deux doigts joints, & les autres par *Tierces*, on eſt bien-tôt en état de pratiquer quelque Accord que ce ſoit.

Un **2** pour la *Seconde*, & pour ſon Accord.

Un *x* pour la *Note ſenſible*, & pour ſon Accord.

Un **7** pour la *Septième*, & pour ſon Accord ; où il ne s'agit que d'ajoûter cette *Septième* immédiatement au-deſſous de la *Tonique*, dont l'Accord eſt déja ſous les doigts.

Un *aj* pour marquer la *Sixte* ajoûtée, où, ſans penſer à cette *Sixte*, il ne s'agit que d'ajoûter un doigt à l'Accord conſonant, en laiſſant tomber ce doigt auprès de ſon voiſin au-deſſous ; excepté que ſi cet Accord conſonant, c'eſt-à-dire, de la *Tonique*, eſt par *Tierces*, on y ſubſtitue pour-lors le 3 au 2 pour porter celui-ci une *Tierce* au-deſſous ; ou bien encore on y ſubſtitue le 3 au 4, & le 4 au 5, pour placer celui-ci immédiatement au-deſſus de la Touche qu'il occupoit : ces deux derniers moyens d'ajoûter étant arbitraires, excepté lorſqu'il s'agit de rapprocher ou d'éloigner la main droite de la gauche.

Un ⅞ pour l'Accord de *Tierce-Quarte*, où connoiſſant le doigt qui touche la *Tierce* dans l'Accord de la *Tonique*, il ne s'agit plus que d'en approcher ſon voiſin au-deſſus, & s'il n'a point de voiſin au-deſſus, tout eſt pour-lors par *Tierces*, depuis cette *Tierce* même.

Même arrangement dans tous ces Accords ; quatre doigts par *Tierces*, ſinon deux joints, & les deux autres par *Tierces :* de ſorte que connoissant le rapport de l'intervalle indiqué par son Signe avec la *Tonique*, dont on a déja l'Accord sous les doigts, & dont le Signe précéde immédiatement celui de cet intervalle, tout est connu sur le champ, ou plutôt tout est pratiqué sur le champ; car les doigts y préviennent bientôt la réfléxion.

Reste l'Accord de *Quarte*, où il ne s'agit que de faire descendre le doigt qui est sur la *Tierce* de la *Tonique*: & si le 4 dont se chiffre cet Accord ne présente pas l'idée de la *Seconde* qui se forme pourlors en faisant ainsi descendre la *Tierce*, il présente du moins celle de l'ordre où se trouvent les doigts dans l'Accord; excepté les deux qui peuvent y être joints.

Si cet Accord vient après un dissonant, conservez les deux doigts joints, ou les deux extrêmes quand ils sont tous par *Tierces*, & ajoûtez-y un troisième doigt à la *Quarte* de son voisin, n'importe de quel côté.

Si l'*Accord sensible* suit cet Accord de *Quarte*, on y a déja le doigt marqué pour descendre sur la *Note sensible*, & il ne s'agit plus que d'y ajoûter un quatrième doigt dans l'ordre où l'on sçait que cet *Accord sensible* doit se trouver : ce qui n'a besoin que de l'examen d'un moment; voyez comment cet *Accord sensible* auroit succédé à celui qui a précédé la *Quarte*; il se formera pourlors absolument de la même maniere.

Cet Accord de *Quarte* devient bien-tôt le plus familier de tous, pour peu d'attention qu'on y donne.

Un *Diéze* ou un *Bémol* joint au Signe, signifie que la Note ou Touche indiquée par ce Signe est *Diéze* ou *Bémol*, ce qui est selon l'usage.

Un *Diéze* ou un *Bémol* mis au-dessus du Signe, marque la *Tierce Majeure* ou *Mineure* de ce Signe; ce qui est encore selon l'usage.

Ce qui indique ainsi la *Tierce* regarde le doigt qui se trouve immédiatement au-dessus de celui qui touche la Note connue par le Signe : de sorte que ce doigt se porte pour-lors comme de lui-même sur une Touche *Diéze* ou *Bémol*, selon le cas, sans que la différence du *Diéze* ou *Bémol* puisse l'arrêter; parce qu'il ne s'agit jamais là que d'une petite Touche blanche, où l'on ne peut prendre ni la *Seconde* ni la *Quarte*, pour la *Tierce*; ayant soin de ne me servir des Signes du *Diéze* ou du *Bémol*, que pour ces petites Touches blanches, & substituant toûjours le Signe du *Béquare* à ceux-là, lorsque la *Tierce* doit être formée d'une grande

Touche noire, dite autrement, naturelle ; excepté qu'il ne s'y agisse d'un double *Dieze.*

Le Signe du *Bémol* mis au-dessous de l'*x*, avertit que l'*Accord sensible* est pour-lors tout composé des plus petites *Tierces* possibles ; c'est-à-dire, de *Tierces-Mineures*, dont la disposition se détermine sur la *Note sensible* connue, & censée sous un doigt.

Une petite ligne tirée de haut en bas, ou de bas en haut, depuis l'intervalle indiqué par son Signe, marque qu'il faut faire descendre ou monter cet intervalle seul d'un *demi Ton*, c'est-à-dire, sur la Touche la plus voisine au-dessous, ou au-dessus : moyen de faire observer machinalement ce qu'il y a de plus compliqué dans les genres *Chromatiques & Enharmoniques.*

Dès qu'on possede parfaitement la pratique des trois successions fondamentales, le reste n'est presque plus rien : & tel qui voudra se donner la peine de les étudier dans les *Tons Majeurs* de *C*, de *G*, & de *F*, & dans les *Mineurs* de *A*, de *E*, de *D*, qui répondent aux trois premiers, se trouvera en état d'accompagner tout Ouvrage de Musique, dont le *Ton* principal sera le *Majeur d'Ut*, ou le *Mineur* de *La*, pourvu qu'il se mette encore auparavant au fait de leurs accessoires, qui font le corps de la Méthode ; ayant inséré à la fin de cette Dissertation, pour servir d'exemple, le premier Adagio de la troisième Sonate du cinquième Œuvre de Corelli, où au lieu de Basse, on trouve au-dessous de mes Signes les chiffres 1, 2, 3, 4, suivis d'une barre, pour y faire distinguer les *Mesures*, & chaque *Temps* de la *Mesure* ; 1, signifie le premier Temps ; 2, le deuxième ; 3, le troisième, & 4, le quatrième. Ces chiffres suivis d'un point indiquent le partage du *Temps* en deux *Demi*, dont chaque moitié porte son Accord ; excepté que s'il n'y a point de Signes au-dessus du chiffre, il n'y a pour-lors point d'Accord.

On verra par ce petit échantillon, qu'on peut effectivement se passer de la Basse dans l'accompagnement du Clavecin ; pourvu, cependant, qu'un autre Instrument l'éxécute : mais comme on sera peut-être curieux de faire rapporter cet accompagnement à la Basse de Corelli, on y prendra garde seulement qu'il y a des cas où il faut changer la main droite de place, pour donner la liberté à la gauche d'éxécuter la Basse ; ce qui se fait, dès qu'on le peut, entre deux Accords de *Tonique*, comme à l'endroit marqué de ce Signe // , sinon en répétant l'Accord d'une même *Tonique*, sinon après l'Accord de cette *Tonique*, enfin là où la

chofe eſt forcée ; ayant cependant la précaution de prendre l'Accord d'une *Tonique* un peu haut , lorqu'on voit des points à ſa
ſuite.

Si peu qu'on s'exerce ſur cette Méthode , on verra qu'elle rend
toutes les faces du Clavier également familieres.

Je ne rappelle point ici les Principes de ſucceſſion ; ce que j'en
ai déja dit doit ſuffire.

Quoiqu'on puiſſe être à préſent en état de juger laquelle des deux
Méthodes , de celle qui eſt le plus généralement reçue ſous le nom
de *Régle de l'Octave* , ou de la mienne , mérite la préférence , je
crois qu'une comparaiſon rapprochée de ces deux Méthodes ne
ſera pas inutile , pour faire mieux ſentir encore ce qui en eſt.

PARALELLE.

Si, dans la *Régle de l'Octave* , il faut connoitre vingt-cinq Accords différens , ſous un certain nombre de Signes combinés de
plus de quarante façons ; dans ma Méthode , il n'en faut connoitre
que ſept , ſous le nombre de ſept Signes jamais différemment
combinés.

Si, d'un côté, cette connoiſſance éxige de remplir la mémoire
d'une infinité d'Accompagnemens différens , de les chercher long-
temps ſur le Clavier , & d'y obſerver des poſitions toûjours différentes entre les doigts ; de l'autre , tout eſt diviſé par *Tierces* ,
aux différentes faces près de l'Accord conſonant , & aux deux
doigts joints près , dans l'Accord diſſonant : donc tout eſt réduit
ici preſqu'à rien , & pour l'eſprit, & pour les doigts , en comparaiſon de ce qui vient de paroître.

Là , ſi chacun des vingt-cinq Accords doit ſe rapporter à chacune des douze Notes compriſes dans l'étendue d'une *Octave* ,
dès qu'on veut accompagner dans tous les Tons poſſibles ; ici
chacun de mes ſept Accords ne doit ſe rapporter qu'à la ſeule
Tonique.

Là , ſi aucune ſucceſſion n'eſt décidée , ſi l'Arbitraire qui peut
y regner doit toûjours y tenir l'Accompagnateur en ſuſpens ; ici
tout eſt décidé , ſans s'y embarraſſer d'autre choſe que des *Diézes*
ou *Bémols* que contient le *Ton* connu.

Là , ſi le *Ton* n'eſt point décidé , s'il y eſt preſque toûjours in-
certain , ſi l'on n'a aucun moyen d'y connoître le moment précis
où il change , & ſi, au contraire, les chiſſres en uſage y détruiſent

le plus souvent ce qu'on peut y discerner d'ailleurs à la vue de
quelques autres signes : ici une seule Lettre déclare le *Ton*, la
Tonique, & son *Accord*.

Là, si l'*Accord* du *Ton*, dit *Parfait*, est assigné à d'autres Notes qu'à la *Tonique*, comme à la *Dominante* ; si l'*Accord* de *Sixte*,
qui n'est que la représentation du *Parfait*, est assigné à d'autres
Notes qu'à la *Médiante*, comme au sixième degré en montant,
& au septième en descendant ; si l'*Accord sensible*, sous le nom de
petite Sixte, est assigné à d'autres degrés qu'au deuxième, comme au sixième en descendant ; & si par conséquent la *Régle de
l'Octave* présentée pour un seul *Ton*, en comprend cependant
trois différens, celui de la *Tonique*, celui de sa *Dominante*, & celui de sa *sous-Dominante* ; car la *Dominante* doit être censée *Tonique*, lorsqu'elle porte l'*Accord parfait*, lorsque sa *Tierce*, qui est
le septième degré, porte le même Accord sous le nom de *Sixte*,
& lorsque le degré qui y descend porte son *Accord sensible* ; & la
sous-Dominante doit être encore censée *Tonique*, lorsque le sixième degré porte son *Accord parfait* sous le nom de *Sixte* : ici la
seule *Tonique* a le privilége de porter son Accord, dit *Parfait* ;
les différentes Notes de la Basse ne peuvent pour-lors y distraire
de cette *Tonique* toûjours indiquée par sa Lettre ; & ce que j'appelle les *Cadences* renferme tout ce que cette *Régle de l'Octave* a
de bon pour le seul *Ton* dont il s'y agit.

Là, si la succession des Accords demande à un Commençant
un mois d'éxercice pour un seul *Ton* ; ici elle ne lui demande
qu'un jour pour une douzaine de *Tons* au moins. Voyez d'un côté
la *Régle de l'Octave* dans le Traité de M. Campion, dans celui de
M. Dandrieux, ou dans le mien ; & voyez de l'autre, ma troisième Régle fondamentale, puisque celle-ci seule comprend celle
de l'*Octave*.

Là, si le même Accord se présente tantôt sous l'idée d'une *Septième*, tantôt sous l'idée d'un *Triton*, enfin sous l'idée de sept
Accords différens, même de douze, selon l'exposé de la page 47,
& si les successions s'y multiplient à proportion : ici & le même
Accord, & la même succession, se présentent toûjours sous la
même idée.

Là, si les différentes faces des Accords ne sont presque jamais
également familières ; ici elles sont toutes égales, excepté celles
de l'Accord de la *Tonique*, qui peuvent y embarrasser un Commençant dans les deux ou trois premiers mois au plus.

Là, fi l'attention qu'éxigent les Accords pendant long-temps est d'un grand obstacle à l'éxécution de la Basse, ici ces Accords n'y apportent plus d'obstacle au bout de trois mois, ou de six au plus.

Là, fi les Signes font tellement compliqués qu'il faut des années entieres pour en tirer l'intelligence néceffaire ; ici la premiere explication vous met au fait.

Là, s'il est presque impossible de ne pas se méprendre quelquefois aux chiffres, foit dans l'éxécution, foit quand on chiffre foi-même la Basse ; ici il n'est pas possible de s'y tromper ; & s'il en doit coûter feulement à l'Auteur, c'est pour qu'il en coûte moins à celui qui en doit tirer l'intelligence néceffaire.

Là, fi l'ambiguité, l'équivoque, & les contradictions qui regnent dans les chiffres, obligent d'occuper un Commençant d'une infinité de Régles qui l'embarraffent extrémement, fans en être plus éclairé pour cela ; ici le feul coup d'œil fait porter un jugement fubit & certain, & ce jugement fait partir les doigts à l'inftant, quand une fois les routes données leur font familieres.

Là, fi les Notes non chiffrées font cenfées devoir porter l'Accord de la *Tonique*, dit *Parfait*, & fi cela forme contradiction avec les Notes de goût non chiffrées, qui ne doivent point porter d'Accords ; ici les Notes non chiffrées porteront toujours l'Accord qu'on a déja fous les doigts ; ce que je n'avois pas encore déclaré.

Là, fi l'on peut parvenir à accompagner fans chiffres une Mufique très-fimple, ce n'est jamais que par le fecours de la routine & de l'oreille : or je vous demande laquelle des deux Méthodes doit le plutôt fuffire à l'un à l'autre.

Là, s'il ne s'agit que de l'Accompagnement; il s'agit ici, & de cet Accompagnement, & de la compofition ; de forte que l'Organifte en peut tirer toutes les connoiffances, & toutes les pratiques néceffaires de l'Harmonie.

Là, tout ce qu'on appelle fcience, n'est que routine : vous dit-on qu'il faut faire tel Accord fur tel degré, on ne vous en donne pas la raifon ; plufieurs degrés du même *Ton* portent ce même Accord ; dès ce moment le nuage s'obfcurcit, & la lumiere fe diffipe ; mais bien plus, le *Ton* change, on ne le fçait, on ne le voit, ni ne le fent ; un mauvais chiffre empêche même d'y penfer : que deviennent pour-lors le degré & fon Accord ? ici ce que j'appelle routine est une fcience ; en la communiquant aux doigts, j'en laisse entrevoir les fondemens à l'esprit; & j'attends que la pratique en soit bien formée, pour les développer entierement.

Loin que les Accords soient déterminés par les degrés du *Ton*; c'est au contraire la succession donnée qui détermine à ces degrés les Accords qu'ils doivent porter.

N'accordez-vous que la *petite Sixte* au deuxième degré; lui accordez-vous, de plus, la *Septième*; lui accordez-vous de plus encore, la *Neuvième* & *Quarte*? je le veux bien: mais quand jugez-vous à propos qu'il porte l'un de ces Accords, dans quelle succession de la Basse, dans quel ordre de succession entre ces Accords? Tout autre degré que celui-ci, excepté le sixième, ne pourra-t-il pas porter sous un autre nom l'Accord de *petite Sixte*, que vous lui déterminez, sans qu'il l'ait porté lui-même après avoir paru? Comment rendrez-vous compte de cela sans chiffres? Comment ferez-vous connoître qu'en pareil cas la *Médiante*, à laquelle vous n'accordez généralement que l'*Accord de la Sixte*, pourra porter cet Accord de *petite Sixte*, sous le nom de *Neuvième*, ou de *Quinte superflue*, selon le genre du *Ton*? Enfin, quand vous connoîtriez le degré, vous ne connoîtriez encore rien, parce que son Accord arbitraire dépend d'une succession commencée, ou à commencer, conséquement au plus ou au moins d'étendue de la Phrase, dans laquelle il se trouve.

Si vous avez déja saisi l'idée de mes Signes, vous allez accompagner cette Basse sur le champ.

Soit donnée, pour cet effet, la succession de Basse,

C x	C	ou	C	2 x•	C	ou	C	aj :	x• C	ou	C
Ut Ré	*Mi*,		*Ut*	*Ré Ré*	*Mi*		*Ut*	*Ré Ré*	*Ré Mi*,		*Ut*

aj :	x• C	ou encore	C 2	x• C
Ré Ré	*Mi Mi*,		*Ut Ré*	*Mi Mi*;

vous verrez que cette succession a beau être *Diatonique*, conformément à celle de votre Régle; c'est, ou la longueur de la Phrase, ou le moment déterminé pour la fin de cette Phrase, qui décide des Accords que le deuxième degré *Ré*, & le troisième *Mi*, doivent porter: ce qui n'est pas toujours aussi facile à distinguer dans la Musique, qu'il l'est ici; parce que les Notes répétées peuvent n'y être exprimées que par une seule Note; de sorte qu'elles s'y présenteront presque par-tout, de même que dans la premiere succession; où vous ne sçaurez pour-lors s'il faudra donner l'*Accord sensible* au deuxième degré, sous le nom de

de *petite Sixte*, ou au troifième, fous le nom de *Neuvième*, ou
de *Quinte fuperflue :* quand même vous viendriez à connoître
l'Accord de ce troifième degré, fçavez-vous celui qui doit le
précéder dans la fucceffion donnée ; avez-vous une Régle qui
nous apprenne que l'Accord de la *Seconde* doit précéder le *Senfible*, & l'*Ajoute* celui de la *Seconde*, dès que l un de ces Accords ne peut plus l'être de celui de la *Tonique ?* en avez-vous,
du moins, quelques-unes d'équivalentes ?

Comment traiterez-vous d'ailleurs l'Harmonie de toutes ces
Syncopes qu'on pratique aujourd'hui entre le deffus & la Baffe ?
il n'y a jamais là que *Suppofition*, ou *Sufpenfion*; c'eft-à-dire, qu'au
lieu de tel Accord qui devroit paroître , il n'y eft encore queftion
que de celui d'auparavant ; ou bien au lieu de deux Notes qui
auroient dû defcendre , il n'en faut faire defcendre qu'une. Or,
expliquez-moi un peu quel Accord doit précéder un tel autre par
votre Régle ; le pourrez-vous fans entrer dans un détail immenfe,
ni fans quelques omiffions ? Tous les différens degrés qui pourront s'y fuccéder , les différentes manieres dont ils pourront s'y
fuccéder, & tous les différens Accords qu'il faudra vous rappeller en conféquence , ne fe préfenteront-ils pas pour-lors en con-
fufion à votre efprit? Plus votre détail fera éxact , moins la mémoire de celui à qui vous l'expoferez y pourra fuffire ; jamais il
ne le concevra ; & s'il parvient une fois à le mettre en éxécution,
ne croyez pas qu'il le doive à votre expofé , mais à la feule routine, & à l'oreille : au lieu que vous n'avez ici que trois Accords
après celui du *Ton* ; l'*Ajoûté*, la *Seconde*, ou le *Senfible* : chacun
de ces Accords fe trouve prefqu'avec la même facilité après celui
du *Ton* ; l'un n'eft pas plûtôt fous les doigts , que l'autre y coule
comme de fource ; le plus facile à trouver eft toûjours celui qui
doit préceder l'autre : ne fut-il pas même néceffaire ; on peut
néanmoins l'employer, en paffant fubitement à l'autre , en forme
de *Coulé*, en forme d'*Appui*, comme l'exige à tout moment le
goût du Chant : de cette facilité, que procure très-promptement
la méchanique des doigts dans la fucceffion des Accords diffonans, naît fous les doigts la Syncope obligée. Falloit-il faire l'Accord du *Ton* ? gardons le *Senfible* qui eft déja fous nos doigts ; falloit-il faire le *Senfible* ? gardons celui de la *Seconde* ; falloit-il
faire ce dernier ? gardons l'*Ajoûté* ; ou bien employons l'*Ajoûté*
au lieu de l'Accord de la *Seconde*, celui-ci coulera enfuite comme de lui même ; ainfi du refte : ce n'eft qu'avec ces Accords que

H

la *Suppofition* a lieu, finon la *Syncope* n'eft que dans les Notes, & non pas dans l'Harmonie.

A l'égard de la *Sufpenfion*, un doigt à defcendre, au lieu de deux, mais après lequel marche toûjours le deuxième qui devoit naturellement l'accompagner dans fa route : ce moyen d'obfer-ver ce qu'il y a de plus compliqué dans vos Régles, eft trop fim-ple, pour que nous devions nous y arrêter davantage.

On a pû remarquer, fur ce que je viens d'appliquer l'*Ajoûté*, l'Accord de la *Seconde*, & le *Senfible*, à différens degrés du *Ton*, qu'effectivement chacun de ces Accords eft applicable à différens degrés ; qu'il y a même tel degré qui peut les porter tous trois, l'un après l'autre, & qu'il y a tel autre degré qui n'en peut por-ter que deux ; à quoi je dois ajoûter que la *Tonique* peut y joindre fon Accord ; de forte qu'elle pourra porter fucceffivement fon Accord, celui de l'*Ajoûté*, celui de fa *Seconde*, fon *Senfible*, puis fon premier *Accord* ; fans parler des *Sufpenfions* dont la *Seconde*, le *Senfible*, & cet Accord de la *Tonique*, peuvent être encore en-trelacés ; fond de tous les airs de Viéle & de Mufette, & de tous les points d'Orgue qui n'excédent pas leurs bornes.

Je ne dois point paffer ici fous filence, que de quelque maniere que les habiles Maitres faffent pratiquer la *Régle de l'Octave*, fous les noms de *fimple*, *compofée*, *figurée*, &c. ils ne peuvent jamais y faire employer que les Accords cités, celui de la *Toni-que*, l'*Ajoûté*, celui de la *Seconde*, le *Senfible*, puis le premier ; & qu'ils n'y ont pas plutôt fait employer l'un de ces Accords après celui du *Ton*, qu'ils font forcés de les y faire fuccéder dans l'ordre où ils fe trouvent préfentement expofés ; mais fous des noms à tout moment différens, qui en déguifent les rapports à l'efprit, aux doigts & à l'oreille : au lieu que cet ordre une fois fourni dans la deuxième Régle fondamentale, fe réitere par tout où il eft queftion de fucceffion d'Accords Diffonans ; ordre d'ailleurs purement méchanique : or ceux qui en font à cette *Régle de l'Octave*, ou qui fçavent ce qui en eft, devroient bien éxaminer quelle différence il y a entre ce qu'on leur y en enfeigne, & ce que je leur enfeigne à préfent : là, c'eft toujours chofe nou-velle ; ici, c'eft toujours la même chofe, quelque degré qui pa-roiffe dans la Baffe ; les *Sufpenfions* mêmes qu'on peut y ajoûter n'y aménent rien de nouveau.

Il eft inutile de rappeller qu'au lieu de paffer à l'*Accord fenfible* d'abord après celui de la *Seconde*, on peut paffer à celui de la *To-*

nique; la troisième Régle fondamentale en fait foi; & c'est la fin du sens qui en décide pour-lors; pourvu que la Basse fournisse d'ailleurs une Note capable de porter cet Accord de la *Tonique*; sçavoir, la *Tonique*, sa *Tierce*, dite *Médiante*, ou sa *Quinte*, dite *Dominante*.

Si jamais il s'agit de l'Accord de *Tierce-Quarte* dans les degrés successifs d'une *Octave*, ce n'est que lorsqu'on y fait porter deux Accords à chaque Note en descendant, où pour lors l'enchaînement des Accords Dissonans a lieu, selon ce que j'en ai déja touché à l'occasion de cet Accord.

Il me reste deux Articles à justifier, selon ma promesse; sçavoir, l'exclusion du *pouce* dans les Accords, & les deux *Octaves*, même les deux *Quintes* de suite, que ma Méthode semble autoriser.

DE L'EXCLUSION DU POUCE.

Puisque les Accords fondamentaux contiennent, au plus, quatre Notes distantes chacune d'une *Tierce*; puisque la transposition d'ordre entre ces Notes n'y améne de différence que dans deux qui peuvent y être jointes; pendant que les autres sont toujours par *Tierces*; & puisque la succession y est toujours la même d'une Note à sa voisine; il doit paroître absolument nécessaire d'y employer, pour-lors, quatre doigts également distans l'un de l'autre, où ils aient égale liberté de s'approcher & de s'éloigner les uns des autres; & où aucun ne s'y oppose; comme cela arriveroit, si l'on y employoit le *pouce* & le petit doigt: car un cinquième doigt qui se trouveroit, en ce cas, au milieu des autres, y seroit à tout moment un obstacle à l'égalité de distance; il empêcheroit que deux ne s'approchassent facilement, quand il le faudroit; on ne pourroit même le faire sans le substituer à la place de l'un des deux; cette substitution regarderoit tantôt un doigt, tantôt l'autre; enfin l'égalité d'éloignement, de proximité, & d'extension seroit détruite entr'eux; on ne sentiroit plus que c'est au petit doigt à descendre, lorsque la main est dans sa plus grande extension, puisqu'elle n'y est pas encore, en employant ici le *pouce*: d'ailleurs, ce *pouce* ne se place pas aisément sur un *Dièze*, quand les autres doigts se placent sur des Touches naturelles, ceux-ci en sont même déroutés; le changement encore de ce *pouce* en un autre doigt,

dans le paſſage d'un *Accord Diſſonant* à un *Conſonant*, qui n'é-
xige guères le *pouce*, quelque petite que ſoit la main, retarde
l'éxécution. Ainſi tout bien éxaminé, ce *pouce* eſt un obſtacle
conſidérable à la prompte acquiſition des habitudes néceſſaires.

S'il arrive qu'on ait la main ſi petite, qu'on ne puiſſe embraſ-
ſer une *Septiéme* ſur le Clavier ſans le *pouce*, ce qui eſt très-rare,
excepté dans les enfans, harpégez l'Accord, en commençant
par le doigt d'en-bas, & quittez ce doigt dans le moment que le
petit doigt va ſe placer ſur ſa *Touche* : ce ſecours m'a toûjours
réuſſi auprès des jeunes Perſonnes, ſans que leur éxécution en
ait ſouffert le moindrement.

Si ce défaut ne vient que de l'enfance, comme cela ne peut
guères être autrement ; qu'eſt-ce qui vous preſſe ici ? On ne
pouvoit ſe diſpenſer, effectivement, de commencer l'Accompagnement très-jeune, lorſqu'avec les Régles, & les chiffres en
uſage, il falloit des dix ou quinze années pour y réuſſir un peu
paſſablement : mais à préſent que ſix mois peuvent y ſuffire,
quand on ſçait lire la Muſique, & qu'on l'éxécute aiſément ſur
le Clavecin ; employez la Jeuneſſe à ces derniers exercices, &
attendez que la petiteſſe des mains ne s'oppoſe plus aux progrès
rapides qu'elle peut faire dans l'Art dont il s'agit.

On verra dans la Méthode, (ſi jamais je la donne complette)
que mon doigter fournit un moyen d'éxécuter promptement les
Accords à la ſuite les uns des autres, & même d'y former du
chant par ce moyen.

Ne croyez pas, d'ailleurs, que j'exclue tout-à-fait le *pouce* des
Accords ; je le conſerve pour en multiplier les Notes, en le plaçant toûjours à l'*Octave* du *petit doigt*: mais je n'ai garde d'en
avertir que lorſqu'on eſt maître du reſte.

DES OCTAVES.

A l'égard des *Octaves* de ſuite, pourquoi voudriez-vous que
je changeaſſe mon Harmonie, lorſqu'elle ne fournit jamais deux
Octaves de ſuite dans une ſucceſſion fondamentale ? Eſt-ce parce
que vous y changez la Baſſe fondamentale en Baſſe arbitraire,
en Baſſe de goût ? A-t'on jamais oui-dire qu'il fallût détruire le
fond, en faveur d'un arbitraire qu'il fournit lui même ? Quoi !
lorſque la ſucceſſion fondamentale eſt une fois donnée, il faudra la changer, parce qu'il vous aura plû d'y choiſir pour Baſſe

la fucceffion de l'une de fes parties fupérieures , avec laquelle
cette Baffe fera pour-lors deux *Octaves* de fuite ? Si c'eft une faute ,
elle vient donc de votre Baffe inventée à plaifir , & nullement
de la fucceffion fondamentale dont elle eft tirée ? C'eft bien là
qu'il s'agit de deux *Octaves* de fuite : laiffez ce foin à un Compofiteur, qui, à tête repofée, peut varier à fon gré toutes les parties de l'Harmonie : mais pour un Accompagnateur, qui doit être
occupé de chofes bien plus effentielles ; dont la main ne peut
embraffer qu'un certain efpace fur le Clavier ; dont les doigts ne
peuvent marcher aifément que d'une Touche à la plus voifine ,
quand il y en a plufieurs d'employés , & que c'eft au même de
marcher ; qui doit éxécuter dans l'inftant même qu'il penfe, &
qui auroit à fouhaiter que la feule Baffe fût l'unique objet de fon
attenfion ; c'eft bien à lui à s'occuper de pareilles minuties , dont
l'harmonie & fa plus parfaite fucceffion ne reçoivent aucun dom-
mage.

Faut-il qu'au défaut du tronc , on s'attache ainfi , non à une
branche , mais à une feuille , à une fleur , comme je l'ai déja dit
dans l'occafion ?

L'Accompagnement forme continuellement , & néceffairement des *Octaves* de fuite avec les différentes parties du Concert : or quelle raifon y a-t'il pour que celles-ci foient bonnes ;
pendant que celles-là feront mauvaifes ? Il eft vrai que deux *Octaves* de fuite ne font point harmonie ; mais fi c'eft-là le feul défaut qu'on y puiffe trouver , pourquoi s'y arrêter dans un cas où
cette harmonie eft déja complette fans la Baffe ; loin qu'elles en
détruifent la perfection , elles l'augmentent au contraire , en y
multipliant les fons & les confonances ; car d'une *Tierce*, l'*Octave* forme encore une *Sixte* ; d'une *Quinte* , elle forme encore une
Quarte , ainfi du refte. Voudriez-vous priver l'Auditeur de pouvoir être affecté de toutes les Confonances dans un Accord , où
vous n'en fuppofez jamais que deux ou trois ? Le priverez-vous
de cette fatisfaction , en faveur d'un refpect outré pour une Régle
mal appliquée, pour une Régle qui ne regarde que deux parties
détachées , qu'on veut rendre différentes entr'elles.

Au refte, les deux *Octaves* de fuite ne font fenfibles dans l'Accompagnement , que lorfqu'on fe diftrait du refte du Concert ;
pour y donner toute fon attention ; elles ne le font même qu'aux
Muficiens prévenus fur l'article ; encore le plus fouvent leur
oreille n'en eft-elle frappée, qu'après que leurs yeux les en ont

avertis ; les autres n'y penfent pas : on les pratique par tout, même dans les *Concerto*, où la Baſſe & le deſſus éxécutent le même Chant.

Mais de quoi nous embarraſſons nous ? Deux *Octaves* de ſuite entre la partie inférieure des Accords, & la Baſſe, font le même effet qu'une Baſſe doublée, ſelon l'uſage où l'on eſt de la doubler avec la *Contre-baſſe*. Ces *Octaves* ſont inſenſibles, & ſe ſauvent même dans le milieu des Accords, d'où les plus ſcrupuleux les permettent ; *lors*, diſent-ils, *que l'Octave eſt enveloppée*, ce ſont leurs termes : cela ne regarde donc plus que la partie ſupérieure des Accords ! Hé bien, retranchez pour-lors la deuxième *Octave*, ou changez la face du deuxième Accord par un mouvement contraire à celui de la Baſſe, ſi vous n'avez pû prévoir qu'en pareil cas, il falloit éviter de prendre l'*Accord Conſonant* dans la face où le *petit doigt* touche l'*Octave* de la Baſſe ; car c'en eſt-là tout le nœud.

Si le hazard faiſoit encore naître deux *Quintes* de ſuite entre la partie ſupérieure des Accords, & la Baſſe ; faites à l'égard de ces *Quintes*, ce qui vient d'être preſcrit à l'égard dés *Octaves*.

L'*Octave* de la Baſſe que je fais employer dans les Accords, peut toûjours en être retranchée : mais auſſi quelle facilité & quel agrément n'y apporte-t'elle pas ? Par ſon moyen preſque tous les Accords & toutes leurs ſucceſſions ne ſont qu'un pour l'eſprit, pour les doigts, & pour l'oreille ; mêmes Régles & mêmes Signes d'un côté, mêmes ordres, & mêmes marches de l'autre. D'ailleurs, ceux qui ne s'attachent qu'à la maniere y trouveront leur compte, puiſque l'harpégement de quatre Notes eſt plus agréable que celui de trois. Ainſi ne retranchons rien des Accords ; n'en changeons pas même les faces qui ſont une fois ſous nos doigts, qu'auparavant notre jugement, notre oreille, & ces doigts n'agiſſent librement de concert dans notre éxécution, & ne nous faſſent connoître, par-là, que nous pouvons porter notre attention ailleurs.

Ce qui concerne le goût ne doit nous occuper que lorſque nous poſſédons parfaitement le fond ; c'eſt à quoi l'on devroit penſer plus ſérieuſement qu'on ne le fait.

CONCLUSION.

J'oſe dire que la Méthode que je propoſe, eſt la ſeule qui puiſſe

conduire aux connoiſſances néceſſaires pour accompagner ſans
chiffres, & même avec les chiffres en uſage ; car ç'a toûjours été
par un raiſonnement, où mes Signes ſont ſous-entendus, que
j'ai conduit ceux qui, ſur les chiffres en uſage, ont acquis la
pratique de l'Accompagnement en peu de tems, comme au bout
d'un an, ou de quelques mois de plus : n'y ayant pas à douter
que ces chiffres en uſage ne retardent beaucoup un Commençant ;
encore y a-t'il tout lieu de craindre qu'il ne s'y rebute, s'il n'eſt
pas capable d'application, ou s'il n'a pas l'oreille extrèmement
ſenſible à l'harmonie.

Cette Méthode, qui eſt directement tirée de la Baſſe fondamentale, nous la rend d'une maniere ſi ſimple, qu'il n'y a pas moyen
de l'y méconnoître ; & le Muſicien devroit en faire d'autant plus
de cas, qu'elle lui préſente un précis de toutes les ſucceſſions
de l'harmonie, auquel il ne paroît pas qu'il ait jamais fait attention : ceux même qui conviennent avec moi qu'il n'y a que deux
Accords, n'en ont encore ſçu tirer aucun avantage pour réduire
à ce précis les différentes ſucceſſions que fourniſſent les différentes
combinaiſons de ces deux Accords ; ils en reviennent toûjours
au détail, & de chaque partie de ce détail, ce qui ne leur eſt plus
pardonnable, ils en font autant d'objets différens : les treize Accords formés du *Senſible*, par exemple, ſont encore pour eux
autant d'Accords différens ; ils y diſtinguent toûjours la diſſonance
de la *Note ſenſible*, en cinq ou ſix diſſonances ; de-là ils la font
ſauver, tantôt de la *Sixte*, tantôt de l'*Octave*, tantôt de la *Quarte*, &c. lorſque par-tout cette *Note ſenſible* ſe ſauve en montant
d'un *demi-Ton* ſur la *Tonique* ; enfin de chaque partie d'un même
objet ils en font autant de *Régles* capitales, lorſque chacune de
ces parties ſe trouve renfermée dans une ſeule *Régle* fondamentale, auſſi ſimple qu'abondante ; & c'eſt-là juſtement ce qui a occaſionné ces équivoques, ces contradictions, cette confuſion,
en un mot, tous ces défauts qui régnent dans les *Régles*, & dans
les chiffres en uſage.

Examinez donc bien, avant que de décider, ſi effectivement
j'ai remédié à tous ces défauts par ma Méthode ; & ſuppoſé que
cela ſoit, tout doit vous inviter à la recevoir : rien n'eſt plus facile que de la rendre générale ; je n'ai d'abord qu'à la mettre
dans tout ſon jour, pour épargner aux Compoſiteurs la peine
d'en développer eux-mêmes l'artifice, quand ils voudront chiffrer en conſéquence ; puis il n'y aura qu'à faire graver en particu-

lier la Baffe des Ouvrages de Mufique les plus accrédités, pour y affocier mes Signes ; ce qui fera l'affaire de leurs Auteurs, & la mienne pour les Auteurs qui ne vivent plus.

Le Particulier y trouvera fon compte ; outre le tems qu'il y gagnera, la dépenfe qu'il épargnera du côté du Maître, lui fera quatre fois plus que fuffifante pour les frais des Baffes.

Les Maîtres y gagneront ; au lieu d'un Ecolier ils en auront douze, quand une fois on fera certain de la facilité avec laquelle on peut apprendre aujourd'hui l'Accompagnement, & du peu de tems qu'il en doit coûter : outre qu'il fe formera par ce moyen un plus grand nombre d'Amateurs & de Connoiffeurs.

Les Auteurs y gagneront auffi de leur côté : ils n'entreprendront point la gravure de leur Baffe, qu'auparavant ils ne foient affûrés du débit, par le grand nombre des Curieux qui fe préfenteront, & ils pourront même s'affûrer que cela fera naître à plufieurs l'envie d'acheter enfuite tout l'Ouvrage.

Copions en attendant, ou bien faifons copier ; la dépenfe en fera toûjours moindre que celle d'un Maître. J'offre, en mon particulier, de joindre mes Signes aux Baffes copiées ; j'ai déja le cinquième Œuvre de Corelli tout prêt, dont vous allez trouver l'*Adagio*, que j'ai promis à la page 52, où il faut retourner, pour confulter les obfervations que j'ai faites fur ce fujet.

F I N.

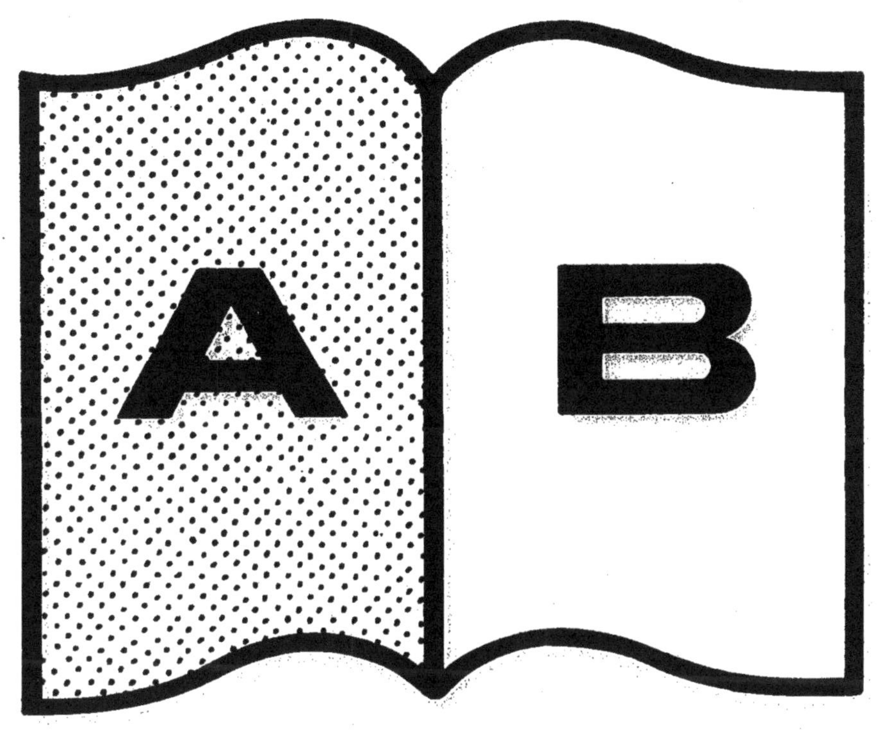

Contraste insuffisant

NF Z 43-120-14